Grzegorz Lydek

Dio è amore e misericordia

Grzegorz Lydek

Dio è amore e misericordia

L'idea-chiave della vita e del pensiero teologico di p. Achille Fosco

Edizioni Sant'Antonio

Imprint

Cover image: www.ingimage.com

Publisher:
Edizioni Accademiche Italiane
is a trademark of
International Book Market Service Ltd., member of OmniScriptum Publishing Group
17 Meldrum Street, Beau Bassin 71504, Mauritius

Printed at: see last page
ISBN: 978-613-8-39093-0

SIGLE E ABBREVIAZIONI

MAGISTERO

CV - *Caritas in Veritate*

DCE - *Deus Caritast est*

DM - *Dives in misericordia*

DV - *Dei Verbum*

EG - *Evangeli Gaudium*

GS - *Gaudium et Spes*

MV - *Misericordiae Vultus*

LG - *Lumen gentium*

FONTI

APIN - *Archivio privato di Iocco Nicolò* in via Adriatico 5, n° 1- Orsogna (Ch)

Introduzione

Carissimo lettore, penso che tutti gli scritti di p. Achille Fosco (1897-1971) meritano un'analisi teologica approfondita, perché delineano un itinerario spirituale di vita religiosa e di vita cristiana all'insegna della misericordia di Dio. Dunque, l'ideale di p. Achille era testimoniare e amare il "Dio Amore-Misericordia" con la propria vita, le parole, le azioni e, se fosse stato necessario, anche con il martirio, come il suo caro amico polacco san Massimiliano Kolbe. Perciò la misericordia era diventata l'idea-chiave della vita e del pensiero teologico di p. Achille. Egli, conducendo una vita spirituale molto intensa e vivendo il *sensus ecclesiae*, riuscì a interpretare i "segni dei tempi", anticipando la revisione teologica più attenta sul tema della misericordia. Tanto è vero che nella vita, nel vissuto ecclesiale e nelle opere di p. Achille, appare evidente tutto "il nuovo modo di pensare" sulla misericordia. Questo "nuovo modo di pensare" fa nascere l'esigenza di riflettere sulle intuizioni dell'"Apostolo della misericordia" - p. Achille - nell'ottica del "futuro migliore", che sono in perfetta sintonia con il pensiero di santa Faustina, san Giovanni Paolo II, beato don Michele e il nostro attuale caro papa Francesco. Oggi, la ricchezza e le feconde potenzialità del pensiero di p. Achille si possono recepire senza alcuna difficoltà. Infatti, ci tengo a sottolineare che egli è stato capace di interpretare "il presente" ed indicare dei percorsi per "il futuro migliore", e cioè quello espresso nella lettera di Giacomo: «Questa è la religiosità pura e senza macchia davanti a Dio Padre: visitare gli orfani e le vedove nella loro afflizione, custodire se stesso immune dal contagio da questo mondo» (*Gc* 1, 27). Ecco perché, p. Achille si era dedicato ad approfondire il grande tema della misericordia. Diremo che tutta la sua vita è stata un continuo discernere la volontà di Dio Padre con un umile e costante piegare tutti i pensieri, le parole e le azioni al Vangelo della misericordia.

Le ragioni della scelta dell'argomento del presente libro riguardano i miei interessi personali, ma anche interessi della congregazione religiosa di Sorelle Misericordiose e della parrocchia di san Leonardo Abate. Il primo motivo consiste nel fatto che ho voluto "dare una continuità" ai mie libri teologici già pubblicati. Come secondo obiettivo, volevo integrare il quadro delle varie ricerche con gli studi dedicati a un altro testimone e discepolo della misericordia - p. Achille Fosco. Il terzo motivo è quello di far conoscere negli ambienti ecclesiastici in Italia la vita, gli scritti e il pensiero di un altro pioniere della teologia della misericordia. Il quarto ed ultimo è quello di riscattare il tema della misericordia da una visione spesso fin troppo "dolciastra e devozionale", mostrando che la teologia della misericordia può diventare il vero strumento dello Spirito per illuminare e rinnovare il mondo (cf. *EG* 132).

Il presente lavoro di ricerca è scritto con la consapevolezza dell'esistenza dell'intimo nesso tra la vita e la teologia di p. Achille, che deve essere preso in considerazione per arrivare ad individuare e a comprendere i momenti chiave della nascita e dello sviluppo nel suo pensiero e nei suoi scritti del tema sulla misericordia di Dio.

Per poter tenere conto dell'evoluzione storica del pensiero di p. Achille, il metodo che seguiremo sarà prima di tutto quello storico-analitico. Cercheremo quegli snodi concettuali e tematici che caratterizzano la riflessione di Fosco sulla misericordia vista in relazione sia a Dio, sia all'uomo e alla comunità di fede. Prima, però, è stato necessario raccogliere ed esaminare criticamente alcuni materiali di primaria importanza che fungono da fonti della nostra ricerca. La prima fonte è rappresentata dagli scritti di p. Achille inediti, appartenenti all'archivio privato di Iocco Nicolò in via Adriatico 5, n° 1- Orsogna (Ch). La seconda fonte è rappresentata dai libri, dagli articoli e dagli opuscoli di p. Achille. Essi contengono delle elaborazioni teologiche, delle affermazioni, delle sottolineature e delle osservazioni con le quali l'autore stesso, sebbene a volte con alcuni esempi presi della vita, parla del tema della misericordia di Dio, spiegando e interpretando il suo pensiero e la sua opera. Vanno citati in particolare: *Perché la vita?* (Napoli, 1927), *Amore e Misericordia* (Orsogna, 1933), *Una vittima d'Amore* (Bari, 1960), *Un dono d'Amore* (Bari, 1961). La terza fonte è il *Diario* di p. Achille inedito (Il primo scritto da luglio 1913 al settembre 1929; il secondo ricostruito su fogli sparsi scritti da padre Achille e opportunamente fotocopiati dalla versione originale in ordine cronologico, da N. Iocco, 1915-1971; il terzo originale dal 1946 al 1949; il quarto ricostruito dall'originale in forma cronologica da Madre Lucia Burlotti, ex madre generale 1914-1969; il quinto dal 1settembre 1946 al 1 febbraio 1968 fotocopiato da Gabriele Sfarra uno degli aspiranti celestiniani dal 1936 al 1937; il sesto fotocopiati dall'originale e conservati dalle sorelle Misericordiose in Rionero, dal 1946 al 1965), appartenente all'archivio privato di Iocco Nicolò in via Adriatico 5, n° 1- Orsogna (Ch), contenente annotazioni che delineano la sua persona, il suo pensiero, tutti correlati al tempo storico di riferimento.

Il nostro studio sarà strutturato in tre capitoli. Il primo capitolo cercherà di ricostruire l'ontogenesi del pensiero e della teologia di p. Achille. Inoltre, verrà analizzato il nesso inscindibile tra la vita, il pensiero e il vissuto ecclesiale di Fosco nel contesto del "clima sociopolitico" dell'Italia e della Chiesa italiana, che riassumeva in sé due caratteristiche fondamentali: *sensus ecclesiae et sensus patriae*. Verrà messo in luce ciò che ha reso p. Achille "inquieto" e "propenso" verso la riflessione della verità di "Dio Amore e Misericordia".

Il secondo capitolo riferirà tutta la specificità della spiritualità e della missione di p. Achille. Si analizzeranno i temi spirituali più rilevanti in Fosco per cogliere il pensiero, il carattere, la specificità e l'attualità del tema della misericordia. In conclusione, verrà brevemente esaminato e approfondito il tema della misericordia in Maria.

Il terzo capitolo esporrà il tema della misericordia nella cristologia di p. Achille, tratto dalle riflessioni espresse dall'autore stesso nelle opere scritte dal 1913 al 1971. Verrà osservata in Fosco la scoperta personale del tema della misericordia nella devozione al Sacro Cuore di Gesù, che crea il legame particolare tra salvezza e Chiesa. Si affiderà alle conclusioni la puntualizzazione del rapporto tra carità e misericordia, lasciando spazio alle ultime riflessioni e impressioni sulla vita e sul pensiero di p. Achille Fosco, mettendo in luce il tema della misericordia.

CAPITOLO PRIMO

BIOGRAFIA DI P. ACHILLE FOSCO NEL CONTESTO STORICO-CULTURALE DELL'ITALIA

1.1 LE RADICI STORICO-CULTURALI

Orsogna, in provincia di Chieti, è il paese d'origine di Padre Achille e della sua famiglia. Proprio nel territorio che comprende Orsogna e Ortona, i padri francescani hanno operato fin dal tredicesimo secolo. Nel 1422 san Giovanni da Capestrano era stato autorizzato ad aprire cinque conventi nello stesso territorio e in un altro confinante, tra cui Frisa, ma le liti economiche e commerciali tra Lanciano e Ortona impedivano qualsiasi negoziato. Dopo lunghe trattative, il 17 febbraio del 1427, il Santo riuscì a far firmare il lodo di pace ai rappresentanti delle due città, proprio nella cattedrale di san Tommaso apostolo di Ortona. Nel 1440, a ricordo di quell'importante avvenimento, a pochi chilometri da Orsogna, e alla periferia di Ortona, fu costruita la Chiesa della Madonna della Pace o delle Grazie, arricchita poi da un convento attiguo.[1] Fu la prima sede dei padri Minori in Ortona. Andata distrutta nel periodo postbellico è stata trasferita al centro della città. Proprio nell'attuale chiesa della Madonna delle Grazie è sepolto il beato Lorenzo da Villamagna, anche lui padre francescano morto il 6 giugno 1535, poco tempo dopo aver predicato la quaresima in cattedrale e aver profetizzato l'invasione dei turchi in Ortona.[2] Padre Ludovico Fonzi, nato in Orsogna il 26 settembre 1691 e morto in Ortona a 58 anni, il 19 maggio 1749 fu ministro provinciale e predicatore. Definito da padre Giacinto d'Agostino "uno dei primi soggetti della nostra provincia, specialmente in materia di erudizione e di eloquenza" tenne molte conferenze e nel 1746 pubblicò diverse opere con la casa editrice Ottavio di Chieti. Predicò la quaresima in Ortona quattro volte e spesso parlava del beato Lorenzo da Villamagna.[3] Da quanto riferito risulta abbastanza chiara la collaborazione tra i frati minori che risiedevano al Feuduccio, situato nel territorio di Orsogna, e quelli di Ortona di Santa Maria della pace, prima, e santa Maria delle Grazie, dopo. La struttura del Feuduccio inoltre ha origini più antiche rispetto al convento di Ortona. La tradizione storica, peraltro consolidata, ritiene che san Francesco sia venuto in Abruzzo due volte.[4] É abbastanza evidente che la novità francescana in Abruzzo ha attecchito fin dalle origini. Dunque la relativa formazione religiosa si è dif-

---

[1] G. MARINANGELI, *Ortona nella feconda missione per la pace di s. Giovanni da Capestrano*, in "Associazione Archeologica frentana", 3(1986), pp. 5-7.
[2] G. D'AGOSTINO, *Vita del Beato Lorenzo da Villamagna*, Edigrafital, Lanciano 1923, pp. 121-124.
[3] *Ibid.*, pp. 167-168.
[4] *Ibid.*, p. 29; cf. L. PELLEGRINI, *Il francescanesimo nella società abruzzese dal sec. XIII all'Osservanza bernardiniana*, in "DASP", 1(1980), pp. 36-38; V. F. DI VIRGILLIO, *Insediamenti francescani in Abruzzo, nel Duecento, Trecento e Quattrocento con la riforma osservante*, Global Publications, Binghamton University 2000, pp. 1-21.

fusa nei nostri territori con una certa tempestività, favorita da una società pastorale e contadina, marinara solo sulla costa. La collaborazione religiosa, tra Orsogna e Ortona, proseguirà anche nei secoli successivi, come dimostreremo nelle prossime pagine, anche per una parziale omogeneità sociale.

Achille nasce in Orsogna, provincia di Chieti, il 19 marzo 1897, da Giovanni e Maria Luigia Pace. É un periodo della storia nazionale particolarmente difficile. La politica estera italiana è afflitta dai rapporti coloniali con Somalia, Abissinia, Etiopia ed Eritrea, quella interna è caratterizzata da severità economica e conseguenti agitazioni sociali. In Abruzzo, l'ondata emigratoria già iniziata nel periodo preunitario ed esplosa in seguito, era ancora in atto nelle zone del Chietino e dell'Aquilano. Il fenomeno migratorio, dovuto alla crisi agraria, si affievolì soltanto intorno al 1910. Orsogna, un ridente paese di collina, a pochi chilometri dal mare e dalla Maiella, soffrì anch'essa l'esodo dei suoi cittadini. In un testo sono state raccolte le singole storie degli emigranti di Orsogna dall'ultimo decennio del XIX secolo fino agli Anni Cinquanta.[5] Achille, alla sua nascita, trova in casa il fratello Nicolò di 14 anni, le sorelle: Maddalena di otto e Serafina di soli tre anni. Gli altri tre figli erano morti piccoli, come abitualmente succedeva in quel tempo, a causa del freddo, di epidemie o semplicemente per parti non opportunamente seguiti. Dunque Achille è il settimo figlio, ma il quarto sopravvissuto. Viene battezzato nella parrocchia del suo paese dedicata a san Nicola di Bari.[6]

Il Santo era venerato in diversi paesi dell'Abruzzo. Sul porto di Ortona, situata a venti chilometri da Orsogna, davanti ad una nicchia a Lui dedicata, i pescatori si fermavano a pregare ogni mattina, prima di prendere il largo con le loro barche, verso il mare aperto. Il motivo della devozione a san Nicola è molto semplice. Il 9 maggio del 1087, sessantadue marinai di Bari trasferirono il corpo di san Nicola, da Mira in Oriente dove era sepolto, nella loro città ove tuttora si trova.[7]

Anche alcuni marinai ortonesi trasferirono il corpo di san Tommaso apostolo dall'isola greca di Chios a Ortona. Quindi l'Apostolo e san Nicola favorirono con la presenza delle loro tombe la devozione e i pellegrinaggi del popolo abruzzese. Del resto nella stessa Bari si venera anche una reliquia di san Tommaso Apostolo, compatibile con il corpo dell'Apostolo conservato in Ortona.[8] Comunque la parrocchia di san Nicola è anche chiesa madre di Orsogna. Fu ricostruita la prima volta da G. Murat, nei primi anni dell'Ottocento, la seconda dopo i danni della seconda guerra mondiale. La stessa sorte ebbe la seconda chiesa di Orsogna, san Rocco. Pertanto possiamo affermare con certezza che Achille ricevette una prima formazione religiosa, parrocchiale e francescana, soprattutto per la presenza e l'azione dei padri francescani in Orsogna. La sua famiglia, proprietaria terriera contadina, ruotava intorno alla Parrocchia, che con il pulpito assumeva anche la funzione di scuola,

---

[5] RIDOLFI TOSSIGNANO, *Historiarum seraficae religionis libri tres*, Venetia 1586, p. 277; P. SILVERI (a cura di), *L'Americ'annallà - Microstorie di un paese d'Abruzzo*, Chieti 1989, C. PONZIANI, A. FELICE, L. PEPE, *Storia dell'Abruzzo*, vol. 5, Laterza, Bari 1999, pp.19-23.

[6] Cf. Registro dei battezzati della parrocchia di san Nicola 1897, n. 54, 23 marzo 1897, firmato archipresbiter Philippus Catladore.

[7] G. CIOFFARI - AA. VV., *I Santi nella storia*, vol. dicembre, Mondadori, Milano 2006, pp. 39-43.

[8] P. PASQUINI - E. POLIDORO, *La traslazione delle reliquie dell'apostolo Tommaso ad Ortona - prove di autenticità*, Tabula, Lanciano 2007, p. 56

e al lavoro dei campi. Gli strumenti per il lavoro delle braccia erano zappa e bidente per rimuovere la terra, il piccone per i terreni rocciosi. Gli animali, e soprattutto asini e buoi, rappresentavano la ricchezza invidiabile del proprietario terriero, i primi usati per trasporto di prodotti, i secondi per tirare l'aratro che scavava solchi nei campi scoscesi per le piantagioni. Nei testi di Beniamino Costantini, storico di Orsogna, e Domenico Pugliesi, sacerdote ortonese eletto al Parlamento di Napoli nel 1848, si parla appunto del rapporto tra sacerdoti locali e popolo contadino, dei sermoni dei sacerdoti dal pulpito, in preparazione delle feste principali dell'anno o per quelle patronali.[9] Raffaele Persiani di Gessopalena ex alunno di Domenico Pugliesi scrive un articolo sulla Rivista Abruzzese, riferendo che il maestro Ignazio de Innocentis di Orsogna dedica un'ode a Domenico Pugliesi per ringraziarlo degli accalorati discorsi che aveva tenuto nella Chiesa Madre di Orsogna, per la novena dell'Immacolata. Il maestro Ignazio ricorda quelle serate proprio come consolazione delle tante sofferenze a cui lui e il popolo andavano incontro giornalmente, dovute in maggior parte alle incomprensioni.[10] In Orsogna, quella stagione feconda da un punto di vista religioso si è tramandata nel tempo. Ancora oggi la sfilata di quadri biblici viventi, denominata festa dei talami, che si tiene il lunedì dell'angelo e la sera di ferragosto, sta ancora a fare memoria di quel periodo. Possiamo dunque sintetizzare l'infanzia e la prima adolescenza di Achille come un periodo di dodici anni che si svolge in un paese di circa tremila abitanti tra casa, gioco all'aperto, parrocchia e scuola pubblica. Quando Achille ha tre anni, cioè nel 1900, la legge Coppino del 1885, che istituiva la scuola primaria obbligatoria da sei a nove anni per tutti, venne integrata con l'obbligo scolastico fino al compimento del dodicesimo anno. I Comuni furono obbligati a istituire una scuola popolare integrativa di altri tre anni con l'introduzione della sesta. Pertanto la scuola primaria eliminò le differenze tra chi frequentava solo i primi tre anni e chi no e divenne uguale per tutte le classi sociali.[11] É chiaro, perciò, che Achille resta a Orsogna fino al 1909. Nel 1907, come testimonia Nicolò Iocco, i padri francescani organizzano un pellegrinaggio ad Assisi da effettuare in parte a piedi, in parte in carrozza. I genitori partecipano, ma vorrebbero esimere il figlio dalla fatica. Achille si comporta come Gesù dodicenne, quando sfuggì al controllo dei genitori e restò al tempio ad occuparsi "del Padre suo", sia pure con una piccola differenza. Achille si nascose tra i pellegrini per non essere lasciato a casa. Quando i genitori si accorsero dovettero arrendersi. I pellegrini giunsero ad Assisi, si diressero verso la basilica. Achille sfugge di nuovo al controllo degli adulti e si infila tra i chierichetti pronti per la s. Messa sull'altare. Si sentiva felice e al suo posto.

[9] B. COSTANTINI, *Azione e reazione, notizie storico-politiche degli Abruzzi, specialmente di quello chietino dal 1848 al 1870*,Chieti 1901, pp. 3-11; id., *Carbonari e preti in Abruzzo dal 1798 al 1860*, ed. Polla, Cerchio L'Aquila 1986 pp. 180-181; E. POLIDORO, *Domenico Pugliesi un intellettuale impegnato nel '48 abruzzese*, Teramo 1984; Associazione archeologica frentana, quaderno n. 8-9, giugno-settembre, Ortona 1984 pp. 3-43.

[10] R. PERSIANI, *Note abruzzesi - D. Pugliesi*, in "Rivista Abruzzese di scienze", 11 (1896), in *ibid.*, p. 5.

[11] F. DE VIVO, *Linee di storia della scuola italiana*, ed. La Scuola, Brescia 1983, p. 61.

1.2. Itinerario spirituale e sacerdozio

Al compimento del dodicesimo anno, e, dopo aver frequentato la sesta, Achille si trova ad un bivio: restare a Orsogna e continuare nella tradizione contadina familiare oppure ascoltare la voce interiore che continua a percepire dal giorno in cui si era nascosto tra i chierichetti della basilica di san Francesco in Assisi. Risponde con prontezza all'invito e si affida ai padri francescani conventuali, che lo avevano ospitato due anni prima. Viene condotto al collegio serafico di Bagnoregio, in provincia di Viterbo, dal momento che in Abruzzo non esisteva un collegio predisposto per accogliere i probanti ginnasiali.[12] Nel 1913 Achille, prima di completare gli studi ginnasiali con il superamento dell'ultimo anno, viene inviato a Roma nella casa provinciale dei frati minori conventuali per sette giorni. Visita la città, si reca a san Pietro, prega, poi riprende la strada del ritorno. Per strada si ferma a Viterbo, viene ospitato in episcopio, dove risiedeva come vescovo della città mons. Grasselli, ex frate minore conventuale. Una volta rientrato a Bagnoregio, trova come suo rettore padre Pietro Balestra, proveniente dalla Liguria, che lui definisce "il migliore religioso conventuale conosciuto". A fine settembre del 1914 si trasferisce nel sacro convento di Assisi, dove il 4 ottobre dette inizio al noviziato. Ebbe come maestro il buon padre Giuseppe, di origine marchigiana. Il 4 ottobre 1915 professò i voti semplici "nelle mani di mons. Vincenzo Sardi, arciprete titolare ai piedi della tomba di san Francesco".[13] Soltanto dieci giorni dopo partì per il collegio internazionale di Roma per lo studio della filosofia e teologia. Una volta a Roma, Achille fu destinato dai superiori al corso di due anni di filosofia, presso l'Università Gregoriana e a tre anni di teologia presso il collegio internazionale "S. Teodoro".[14] Il periodo storico era particolarmente complesso. L'assassinio dell'arciduca Francesco Ferdinando del 28 giugno 1914 aveva scosso gli equilibri internazionali faticosamente costruiti. Dopo un periodo di notevoli tensioni sociali, l'Italia, nel 1915, entra in guerra a fianco dell'Intesa, cioè Francia e Gran Bretagna, determinando l'apertura di un nuovo fronte lungo i confini italiani con l'impero austro- ungarico. La trincea diventava il simbolo di una guerra lunga e insidiosa, che si trascinò in una situazione di stallo dal 1915 al 1916. Pertanto i richiami alle armi divennero più frequenti.[15] Dal primo ottobre 1916 al primo marzo 1917 Achille fu chiamato alle armi come soldato semplice, prima nella sanità e poi in fanteria. Poi fu riformato per malattia cardiaca e quindi tornò in collegio. L'8 dicembre 1918 emise la professione solenne nelle mani del padre generale Tavani. Purtroppo la fatica e le privazioni, sopportate al fronte, avevano debilitato il fisico di Achille, che per volontà dei superiori fu costretto a interrompere gli studi di teologia e a riposarsi per un anno. Riprese le forze, fu inviato in Assisi, studiò con l'aiuto di lezioni private, ricevute nel sacro convento, e pubbliche nel Seminario regionale. Tra il 1919 e il 1920 recuperò l'anno

[12] N. PETRONE, *Padre Achille Fosco apostolo misericordioso*, ed. Offset, Vercelli 1997, p. 21.
[13] A. FOSCO, *Diario originale manoscritto da luglio 1913 a settembre 1929*, in APIN, p. 1.
[14] *Ibidem.*
[15] A. DE BERNARDI - GUARRACINO, *Novecento - eventi e problemi*, Mondadori, Torino 1999, p. 26.

perduto, ricevette gli ordini minori a Roma dal cardinal Pompili e da mons. Jaquet.[16] Il 12 marzo 1921 fu ordinato sacerdote sulla tomba di san Francesco da mons. Ambrogio Luddi, vescovo di Assisi, dopo l'ordinazione dell'ebreo convertito, don Emilio Norva. Il giorno successivo celebrò la prima messa sulla tomba di san Francesco, assistito dal suo compaesano padre Alessandro Antonelli, che era anche custode del Sacro Convento. Celebra le altre messe a Rivotorto, alla Porziuncola, all'altare papale della basilica.[17] Il 19 giugno 1921 torna a Orsogna e celebra la messa cantata dinanzi a tre padri conventuali: padre Alessandro Antonelli, Luigi e Antonio Buzzelli, poi resta nel suo paese fino al 18 luglio. In questo periodo si allontana da Orsogna due volte: il 29 e il 30 giugno si reca a Lanciano e dal 16 al 18 luglio va a Castelvecchio Subequo. Le escursioni hanno una motivazione solo religiosa. A Lanciano i padri conventuali sono i custodi di uno dei miracoli eucaristici più antichi d'Italia, risalente all'ottavo secolo, quando i padri Basiliani di rito bizantino, sfuggiti alla lotta iconoclastica di Leone XIII, erano custodi della Chiesa di san Legonziano. Proprio su di essa è nata quella attuale, con varie modifiche nel corso dei secoli.[18] A Castelvecchio Subequo, non solo esisteva una chiesa francescana, fondata nel 1288, costruita dopo la visita di san Francesco intorno al 1216-22, ma anche l'annesso convento. La catacomba cristiana del quarto secolo fu scoperta soltanto nel 1949 da alcuni ragazzi. Costruita su un cimitero cristiano, conserva due monogrammi del nome di Cristo, l'uno inciso su una lucerna, l'altro su uno stucco.[19] Terminato il periodo abruzzese, il 5 settembre padre Achille torna nella famiglia di Assisi, poi per un anno, dal 13 settembre 1921 al 31 agosto 1922, viene inviato come docente nelle scuole ginnasiali del collegio di Bagnoregio e riceve da mons. Antonelli, vescovo di Bagnoregio, la facoltà di confessare.[20] Il 21 settembre dello stesso anno, padre Achille va a Corropoli per ordine dei superiori, per trattare l'acquisto della chiesa di sant'Agostino. É ospite a casa del dottor Gaetano D'Aristotile. Di lui la famiglia di padre Achille

[16] A. FOSCO, *Diario* I, p. 2 in APIN. In particolare così padre Achille chiarisce le date dei suoi ordini minori: «il 28 aprile 1918: Tonsura dal cardinale Pompili; il 9 maggio 1918: Ostiariato e Lettorato nella cappella del collegio internazionale s. Teodoro da S. E. mons. Domenico Jaquet, arcivescovo di Salamina; il 25 maggio 1918: Esorcistato e Accolitato nella basilica di s. Giovanni in Laterano dal cardinale Basilio Pompili; il 18 dicembre 1920; suddiaconato nella cappella del seminario regionale di Assisi da S. E. mons. Ambrogio Luddi; il 18 gennaio 1921 Diaconato Basilica di san Francesco in Assisi da S. E. mons. Ambrogio Luddi»; A. FOSCO, *Diario* I, in APIN, pp. 2-3.

[17] Cf. A. FOSCO, *Diario* I, pp. 4-5. Le date sono: Rivotorto 14 marzo 1921; Porziuncola 15 marzo 1921; Altare papale 27 marzo 1921.

[18] V. RENZETTI, *La chiesa di san Francesco Santuario del miracolo eucaristico nel quartiere Borgo di Lanciano*, Tabula, Lanciano 2003, pp. 10-20; S. DI GIANCROCE - M. DE FILIPPIS DELFICO, *Guida del santuario del miracolo eucaristico di Lanciano*, in "Quaderni di Diagnostica", 7(1971), pp. 661-674.

[19] E. POLIDORO, *Radici cristiane d'Abruzzo*, in M. COZZA - R. GIUNGI - P. PASQUINI - E. POLIDORO, *L'Apostolo Tommaso è ad Ortona*, Comune di Ortona, Ortona 2006, p. 26.

[20] A. FOSCO, *Diario*, I p. 4-5, in APIN. Nelle pagine citate del suo Diario, padre Achille registra in modo minuzioso tutti i suoi viaggi relativi all'anno 1922: «dal 4 al 5 febbraio 1922 per la prima volta spiega il Vangelo in una chiesa rurale vicino Bagnoregio. Il 17 aprile 1922, a Lubriana di Bagnoregio, predica per la prima volta, la sera di Pasqua per la benedizione ai fedeli. Il 30 aprile amministra il battesimo per la prima volta a Porano presso Orvieto. Il 23-30 maggio è a Roma in occasione del Congresso Eucaristico, il 28 maggio assiste alla Messa di mons. Girolamo Mileta, minore conventuale, nella chiesa di s. Dorotea. Il 15 giugno 1922 partecipa alla processione eucaristica di Orvieto ed è tra i privilegiati a portare il Sacro Corporale. Il giorno successivo va a Porano di Orvieto. Il 27 agosto 1922 presso la tomba di san Francesco unisce in matrimonio due vecchietti di Todi. Dal 16 al 20 settembre, si reca nelle case dei confratelli di Foligno, di Ascoli Piceno, Civitella del Tronto per studiare l'arte delle relative chiese dedicate a san Francesco»; *ibidem*.

ha conservato una lettera, che porta la data del 9 marzo 1971 e indirizzata allo stesso padre per i 50 anni di sacerdozio. La riportiamo integralmente: «Molto rev.do padre Achille, a suo tempo ho ricevuto il gentilissimo invito che mi avete rivolto al fine di farmi partecipare alla vostra solennità giubilare. Vi sono tanto grato di questo gentile pensiero! Con rammarico devo comunicarvi che mi sarà impossibile trovarmi a Silvi per il prossimo 14 marzo: nella stessa data dovrò presiedere la riunione regionale della "UNITALSI" Abruzzese, di cui sono a capo che avrà luogo al Santuario di san Camillo a Bucchianico. Trattasi di un convegno annuale e della massima importanza per l'organizzazione dei Treni Malati per Loreto, Lourdes e Fatima. Sono veramente spiacente del contrattempo! Quest'ultimo mi priva di una buona occasione offertami per confermarvi a viva voce i miei migliori sentimenti, di ammirazione e di stima conoscendo quanto avete dato alla famiglia francescana in genere e alla bontà in particolare. Mi è impossibile non ricordare l'episodio che mi fa rivivere il nostro primo incontro, nel marzo 1922, in san Francesco, precisamente in Assisi. Insignificante, forse, per la storia propriamente detta, dei Conventuali, in Abruzzo, tuttavia per lo sviluppo che in seguito e per effetto del ricordato incontro, ebbero gli avvenimenti che determinarono l'apertura del Convento di Penne, anche quell'incontro, ripeto, può aver avuto il suo valore nella decisiva integrale ripresa della vita francescana Conventuale nella nostra Regione. La stessa Comunità di Silvi, che oggi festante si unisce a voi, trae la sua origine dall'attività di p. Francesco Rocitti, pioniere con p. Luigi Buzzelli che si muoveva proprio dal convento pennese, appena aperto nel 1923. Ho divagato dal motivo principale di questa lettera: ne riprendo il filo formulandovi i miei auguri per un ulteriore irrobustimento della vostra tempra di sacerdote e di francescano. Continui il Signore ad aiutarvi con la sua grazia in ogni istante: quando esercitate il ministero sacerdotale e conventuale, nel mentre impegnate la vostra mente nelle nobili molteplici attività cui siete portato da una ricca dotazione di intelligenza, nella giornata di sofferenza fosca. Credetemi, nel mentre vi bacio la destra. Vostro dev.mo Gaetano D'Aristotile».[21] Dalla lettura della lettera, integralmente riprodotta, e dagli scarni diari emergono due riflessioni. Padre Achille registra sui suoi diari solo il nome della città dove si reca e l'altare dove celebra la messa. Trascura le motivazioni per cui si sposta. Quelle del 1922 si intuiscono dai nomi di tutte le chiese dedicate a s. Francesco in città diverse e dal libro che scriverà nel 1924, dal titolo *I ritratti di s. Francesco.* Il dottor D'Aristotele spiega soltanto l'incontro del 1922, illuminando indirettamente tutti gli altri. Dunque la semplice conclusione che si potrebbe trarre è questa. Padre Achille si sposta in virtù del voto di ubbidienza e vive la celebrazione della Messa come centro della sua quotidianità e della stessa sua vita. Cristo è il centro di tutta la sua vita.

[21] G. D'ARISTOTELE, *Corrispondenza con padre Achille Fosco*, in APIN, 9 marzo 1971.

1.3. Amico di padre Massimiliano Kolbe

Il "Misericordioso" del 30 settembre - 31 ottobre 1951 riporta un articolo dal titolo: *Quattro anni compagno di un giovane santo.* In esso il padre Achille racconta i quattro anni vissuti con padre Massimiliano Kolbe nei termini che seguono:

> «Il 15 ottobre 1915 da Assisi mi trasferii a Roma nel collegio internazionale dei Frati Minori Conventuali in via san Teodoro: dovevo iniziarmi allo studio della filosofia presso l'università Gregoriana dei padri Gesuiti e poi a quello della teologia, presso lo stesso Collegio Ateneo Pontificio. A causa della guerra che infuriava nel mondo, gli alunni del collegio erano pochissimi, poco più di venti, e in gran parte giovani italiani inabili al servizio militare: un gruppetto di rumeni, un polacco e un paio di americani. Il polacco era Massimiliano Kolbe il quale stava per conseguire la laurea in filosofia. Ebbi per quattro anni compagno fra Massimiliano. Allo studio egli si applicava con dedizione assoluta. So che, oltre le materie scolastiche, coltivava la passione per la fisica e spesso accennava a certe sue invenzioni. Praticò tutte le virtù, era da tutti prediletto e con tutti era affabile, espansivo, fratello, direi mamma perché effondeva negli altri sensi di bontà. Era il pacificatore degli animi, quando qualche screzio si affacciava nei bollori giovanili dei compagni. Si faceva amare a motivo della sua mitezza, modestissimo, fu un'anima eminentemente eucaristica e nel tabernacolo trovò la fonte delle grazie per vivere virtuosamente. Divenuto poi sacerdote, celebrava con la massima attenzione e devozione, senza esagerazioni nella durata e nella cerimonia. Della sua carità ricordo come egli, notando che io ero poco portato allo studio delle materie speculative, spesso veniva con i suoi appunti e i suoi libri nella mia stanza. Ricordo che più di una volta mi parlò dell'idea che andava maturando per la realizzazione della "Milizia di Maria Immacolata" ed io fui tra i primi sette ad aderirvi. Fui con fra Massimiliano nella basilica di san Pietro in occasione della beatificazione di san Giuseppe da Cottolengo e di santa Teresa del Bambino Gesù. É risaputo che durante la permanenza a Roma ebbe più di una volta emottisi di sangue e lo si ritenne affetto da tubercolosi; questo male allontana prudentemente i sani dai malati, ma nessuno di noi ha mai temuto la vicinanza di fra Massimiliano. Non si poteva restare lontano da un giovane perfetto religioso che attirava irresistibilmente all'amicizia e alla fraternità. Una data che mi lega a lui non posso dimenticare: il 28 aprile 1918. In quel giorno, io ricevetti il primo ordine della Tonsura clericale e il padre Massimiliano fu consacrato sacerdote. Dal suo volto, sempre raggiante di spirituale effusione, in quel giorno arguivo la pienezza della felicità, che sulla terra si possa concedere ad un uomo. Concludo affermando che ho avuto sempre l'impressione che egli vivesse di ininterrotta comunicazione con Dio».[22]

Padre Nicola Petrone aggiunge che domenica 24 febbraio 1918, giorno della Trasfigurazione, padre Achille tiene l'omelia e padre Massimiliano lo annota sul suo diario. Ugualmente padre Massimiliano scrive sul suo diario i momenti significativi della vita di padre Achille, segno evidente che fra i due frati si era creato un vincolo di amicizia e di fraternità spirituale molto forte.[23] A luglio del 1919 padre Massimiliano torna in Polonia.

---

[22] A. FOSCO, *Ricordando il decennale della morte del servo di Dio P. Massimiliano Il Misericordioso*, in "Misericordioso", 19-20 (1951), p. 1

[23] N. PETRONE, *Padre Achille Fosco (1897-1971) apostolo misericordioso*, S.S.E.TIP., Offset Vercelli 1997, p. 26.

1.4. PROMOTORE DI SAN FRANCESCO PATRONO D'ITALIA

Padre Achille intanto continua a spostarsi. Nel mese di gennaio 1923 va da Anzio a Roma, poi in Ortona dove celebra la messa in cattedrale, sulla tomba dell'apostolo Tommaso. Entro il solo mese di gennaio, raggiunge le città di Firenze, Pisa, Genova, Milano, Ventimiglia, Marsiglia.[24] Il 4 febbraio 1923 è inviato in Spagna presso i conventuali di Granollers, dove il Superiore Angelo Salvatore lo accoglie con grande stima e sensibilità. Dopo una settimana si reca a Barcellona, dove resta fino a luglio, sia pure con un breve intervallo di tempo entro il quale torna in Italia.[25] Dal 9 agosto del 1923 al 27 ottobre 1926 si ferma nuovamente nella famiglia del Sacro Convento di Assisi. Intanto fin dal 4 ottobre 1920, l'Ordine dei francescani conventuali aveva pubblicato il primo numero di un periodico illustrato denominato "*san Francesco*", finalizzato alla più ampia conoscenza della vita e del culto del Santo. A gennaio del 1924, padre Achille Fosco, che tanto aveva studiato la storia di san Francesco e l'arte che ne era scaturita intorno alla sua figura, entra nel comitato di redazione e scrive una serie di articoli, sui ritratti e la vita di san Francesco, che poi diventeranno due suoi testi. In uno di essi, proprio in memoria dell'ospitalità ricevuta, nei suoi viaggi, invita i vari ordini francescani all'unione e alla stima reciproca.[26] Tra i vari scrittori della rivista "*san Francesco*" compaiono anche le firme di donne laiche e questa è davvero una novità che supera i tempi.[27] Nel 1925 padre Achille fu nominato direttore della rivista, in considerazione dei meriti acquisiti per le pubblicazioni precedenti: la prima del 1923, una guida illustrata sulla basilica di san Francesco che il *Commendarium ordinis* [28] aveva giudicato molto positivamente, due del 1924, di cui una su I ritratti di san Francesco,[29] l'altra su Cornelio Musso,[30] la terza del 1925 sulle poesie su san France-

[24] A. FOSCO, *Diario* I, p. 5-6 in APIN. Il 16 gennaio 1923, p. Achille celebrò presso la cattedrale di San Tommaso di Ortona, all'altare delle reliquie dell'Apostolo. Dal 23 al 24 gennaio andò a Firenze in S. Croce, dal 25 gennaio 1923 a Pisa, per visitare la chiesa di s. Francesco. Dal 26 al 28 gennaio a Genova visitò s. Francesco d'Albaro, dal 29 al 30 gennaio, a Milano celebrò la messa nella chiesa di s. Antonio dei Minori Riformati e in quella del Sacro Cuore dei minori cappuccini. Dal 31 gennaio al 1 febbraio si recò nuovamente a Genova, il 2 febbraio a Ventimiglia, il 3 febbraio 1923 a Marsiglia nella chiesa di s. Carlo; cf. *ibidem.*

[25] A. FOSCO, *Diario*, I p. 6-7 in APIN. «Dal 12 al 13 febbraio p. Achille fu ospite dei Cappuccini, a Barcellona, in Spagna, dal 18 al 25 marzo 1923, predicò gli esercizi spirituali alle donne della colonia italiana, dal 29 al 31 marzo, invece, tenne tre conferenze agli uomini della colonia italiana della stessa città. L'8 maggio dello stesso anno, si spostò per un panegirico a Pompei, nella chiesa dei cappuccini, dove aveva predicato padre Gemelli due anni prima. Torna ancora in Spagna, dove, dal 4 giugno al 30 luglio, si sposta da Barcellona a Granollers, a Cardeden. Il 31 luglio p. Achille torna in Italia. Dal 2 all'8 agosto va a Marsiglia, Ventimiglia, Genova, Milano, Venezia, Padova per predicare»; *ibidem.*

[26] A. FOSCO, *La vita di san Francesco scritta da s. Bonaventura*, in "San Francesco", 3(1924), p. 54.

[27] A. FANTOZZI, *Il primo convento francescano di Ancona*, 4 (4) 1924, p. 80; R. M. PERAZZI, *Venne al mondo un sole*, 4 (11) pp. 239-240. Nella *Cronaca del VII Centenario*, in "San Francesco", si legge: «L'attuale Redazione del Periodo, nelle persone dei m. r. Custode del Sacro Convento, di mons. Michele Faloci - Putignani, del m. r. Bonaventura Marinangeli, ministro provinciale dei Minori Conventuali e del r. Achille Fosco Min. Conv. segue a svolgere con amore di responsabilità il primitivo programma, non avendo nessuna ragione per mutare il proprio indirizzo. Unica novità la nuova rubrica d'inizio del singolo fascicolo in preparazione al centenario. La cronaca mensile sarà ripartita in tre parti: Assisi, Italia, Estero. Il comitato di Assisi risulta così costituito dal sindaco di Assisi, prof. Francesco Pennacchi, prof. Carlo Taddei, prof. Giovanni Joergensen, avv. Arnaldo Fortini, canonico don Sigismondo Spagnoli, cavalier Oreste Rossi»: CONVENTUALI DI ASSISI, *Cronaca del VII Centenario*, in "San Francesco", 4(1)1924, p. 4.

[28] ORDINE FR. MIN. CON., *Commendarium ordinis*, XI -1923 p. 124, in APIN.

[29] A. FOSCO, *I ritratti di s. Francesco*, ed.Basilica di san Francesco, Assisi 1924.

[30] A. FOSCO, *Cornelio Musso*, Tip. Atenes, 1924 pp. 1-24.

sco.[31] Proprio nel primo fascicolo del 1925, padre Achille prosegue il discorso sulla vita di san Francesco, scritta da san Bonaventura e affrescata da Giotto, già iniziato nei fascicoli del 1924. Riferisce che, non potendo san Francesco assistere personalmente a tutti i capitoli provinciali, perché assillato dal governo dell'ordine, vi era però presente con lo spirito, per virtù divina, anche visibilmente. Il secondo articolo, riportato con lo stesso titolo, parla della morte del Santo.[32] Poi comincia a raggiungere varie città, come Como, Torino, Firenze, Foligno per tenere conferenze e proiettare immagini su san Francesco, perché il 4 ottobre sia riconosciuta festa nazionale. I commenti della stampa sono lusinghieri. Il Giornale d'Italia sottolinea la particolare importanza dell'evento per l'interesse non solo religioso, ma anche artistico, storico e civile, che potrà suscitare a livello nazionale e internazionale.[33] Le iniziative si moltiplicano. A Milano, tra tante proposte, viene bandito anche un concorso letterario dal titolo: *La pace internazionale e l'apostolato francescano, per promuovere l'Italia come centro di fratellanza internazionale.*[34] Gli ultimi tre articoli di padre Achille, pubblicati sulla rivista del 1925, affrontano tre temi importanti: La sindone di san Francesco, le Sacre Stimmate, in cui parla soprattutto della passione di Cristo, e la trasformazione della tomba del Santo.[35] Quelle idee, a distanza di un secolo, sono state sostanzialmente applicate, come risulta dalle immagini riportate nel testo. Il sesto volume della serie, che comprende i dodici fascicoli del 1926, apre con il primo fascicolo del quattro gennaio e con un articolo introduttivo firmato da Achille Fosco. Egli parte da una raffinata analisi critica della classe intellettuale del suo tempo e la esamina alla luce della fede. Secondo Fosco, gli intellettuali avevano ridotto il problema religioso ad una semplice analisi grammaticale e filologica e, in tal senso, si erano espressi anche in forma altezzosa e univoca. Nonostante un simile atteggiamento, prosegue padre Achille, nessun santo più di san Francesco "è stato venerato dagli orgogliosi dell'intelligenza", nel corso dei secoli. Perfino quelli che hanno condotto lunghe disquisizioni e hanno perseguito nella propria vita una finalità distruttiva di tutte le esperienze e credenze mistiche, si sono dovuti arrendere. Poi padre Achille passa a delineare il fascino esercitato da san Francesco su persone anche non credenti per due ragioni fondamentali: l'accettazione del percorso di perfezione e la rinuncia a tutti gli ostacoli che ne impediscono la realizzazione. Entra nello specifico e chiarisce ancora meglio il suo pensiero. Per padre Achille, san Francesco migliorò se stesso "avendo Cristo vivo e presente in tutte le sue azioni, vincendo "l'egoismo, dominando le passioni, rinunciando all'amor proprio, sacrificandosi per il bene collettivo". Così conclude: «il 1926 potrà dirsi anno francescano, quando ciascuno di noi avrà riformato se stesso, plasmata la coscienza su quella del nostro santo, del santo d'Italia».[36] Successivamente padre Achille, d'accordo con il suo ordine, lancia sulla rivista l'idea di un vasto movimento culturale

---

[31] A. FOSCO, *Poesie di san Francesco*, Casa ed. francescana, Assisi 1925.

[32] A. FOSCO, *La vita di san Francesco scritta da san Bonaventura e affrescata da Giotto e dalla sua Scuola*, in "San Francesco", 1(1925), pp. 25-27; 5(1925), pp. 113- 115; 12(1925), pp. 274-276.

[33] *Ibid., Cronaca italiana*, p. 53.

[34] *Ibid., Fervore di iniziative* 6, pp. 41-42.

[35] *Ibid.*, pp. 158-159; pp. 213-215; 225-230.

[36] A. FOSCO, *1926 - Anno Francescano*, in "San Francesco", 1 (1926), p. 6.

d'opinione, rivolto a laici e religiosi, per sostenere san Francesco patrono d'Italia, fissando i termini del settimo centenario dal 4 ottobre 1926 al 4 ottobre 1927.[37] La proposta è subito raccolta in tutta Italia. In ogni provincia italiana nascono comitati spontanei, sostenuti dall'Ordine dei frati conventuali e dai vescovi locali. Intanto padre Achille, nell'articolo sulla vita di san Francesco scritta da san Bonaventura, ritorna sul tema dell'incredulità. Un cavaliere di Assisi, di nome Girolamo, "famoso e celebre" dubitò delle stimmate di san Francesco, esattamente come l'apostolo Tommaso dubitò del Cristo risorto. Dopo aver visto e toccato accuratamente il cadavere del Santo, divenne uno dei più convinti assertori della veridicità delle stimmate, come risulta da un documento latino firmato da lui stesso.[38] Fosco, proprio per accendere la fede e sostenere in prima persona le tante iniziative, tiene una serie di conferenze in molte città della penisola. Si reca ad Ascoli Piceno e Fermo, Reggio Emilia, Catania, Messina, Palermo, Milano, Torino, Firenze, Roma ed altre città.[39] Parla a migliaia di persone, nei teatri, nelle chiese e nei collegi, talora aiutandosi anche con proiezioni cinematografiche sulla vita di s. Francesco. Nella primavera del 1926 l'associazione artistica internazionale collabora alla riuscita del VII centenario, bandendo un originale concorso che si conclude con una mostra nella propria sede di Roma. Partecipano artisti residenti in Italia, di qualsiasi nazionalità, tecnica e scuola, con un'opera che illustra il paesaggio italiano, per onorare le Laudi di s. Francesco. Alla mostra aderiscono numerosi artisti, tra i quali il nostro corregionale Michetti.[40] Gli altri articoli di padre Fosco riguardano vari argomenti. Uno prosegue sull'argomento iniziato sulla vita di san Francesco scritta da san Bonaventura, l'altro il ritratto del santo affrescato da Cimabue.[41] Intanto il 30 aprile 1926 papa Pio XI pubblica la lettera enciclica per il Settimo centenario della morte, con l'esordio che segue:

[37] *Cronaca del VII Centenario di San Francesco*, in "San Francesco", 1 (1926), p. 27.

[38] A. FOSCO, *La vita di san Francesco scritta da san Bonaventura e affrescata da Giotto e dalla sua Scuola*, in "San Francesco", 2(1926), pp. 37-39.

[39] A. FOSCO, *Diario* I, pp. 10-14 «L'autore dal 1 gennaio alla prima metà di dicembre 1926 riporta con estremo rigore tutte le città che visita per conferenze ed evangelizzazione. Le riportiamo in sintesi: 1 gennaio Milano, Cappuccini; 2-4 gennaio Torino Cappuccini, Istituto Margherita; 7-18.19 gennaio, Chiesa dell'Immacolata e teatro dei Salesiani; 20-21-22 gennaio Messina, teatro Parisienne; dal 23 gennaio al I febbraio, Palermo, Chiesa di san Francesco, presente il cardinale Lualdi, collegio C. Adelaide e S. Cuore, Teatro Massimo; 13 febbraio, Città di Castello; 28 febbraio Ascoli Piceno; 2 marzo Orsogna; 3 marzo Foligno, 16 marzo Città di Castello; 19,20 marzo, Fermo, Teatro Rossini; 16 aprile Città di Castello; 4 maggio Parma; 5-6-8 maggio Milano; 7 maggio Lesa sul lago di Como; 10 maggio Città di Castello; 3 - 22- 24 maggio, Firenze S. Croce; 25-26-27 maggio Roma; 28 maggio Nettuno Castello s. Gallo ospite del barone Fassini Alberto, stanza di Mussolini; 30-31 maggio Cosenza Teatro dell'Aquila; 1 giugno Napoli Conventuali di s. Anastasia; 2 giugno Roma S, Cuore dei Salesiani; 16 giugno II udienza di Mussolini; 17-18-19 giugno ad Aquila, ospite prof. Nicola Rizzacasa, al Teatro; 20-21 giugno Cremona Teatro Savoia su richiesta di Farinacci ospite della famiglia Manara nella cui cappella celebrai; 22 giugno Pianello Lario, ospizio di don Guanella ospite di Iole Mazzucchi; 23-24 - 25 giugno Venezia; 26 giugno Faenza; 27- 28 giugno Urbino, Teatro di Urbania; 20 luglio Città di Castello; 2 agosto, La Verna; 3 agosto Chianciano, incontro al Grande Hotel con Vittorio Emanuele Orlando e Vittoria Marenga; 12 agosto Foligno; 28-29 agosto Milano con udienza del Cardinale Eugenio Tosi e gita a santa Caterina del Sasso sul lago Maggiore; 24 agosto Montefalco; 25 agosto 1926 Perugia; 27 agosto Città di Castello; 10-11 ottobre Napoli; 12- 13 ottobre Roma; 28 ottobre Roma S. Maria degli Angeli; 29 ottobre - 4 novembre Anzio»; *ibidem*.

[40] *Cronaca del Centenario di san Francesco*, in "san Francesco", 3(1926), pp. 74-76.

[41] A. FOSCO, *Vita di san Francesco scritta da san Bonaventura e affrescata da Giotto e dalla sua Scuola*, in "san Francesco", 2(1926), pp. 37-39; *Ritratto di san Francesco*, 3(1926), pp. 55-57; *ibid.*, 7(1926), pp. 186-190.

«Al grande giubileo che, celebratosi in Roma, ed ora esteso al mondo intero per tutto il decorso di quest'anno, servì di purificazione delle anime e di richiamo per tanti a un più perfetto tenore di vita, sta ora per aggiungersi, quale compimento di frutti o già ricavati o sperati dall'Anno Santo, la solenne commemorazione con cui da ogni parte i cattolici si accingono a celebrare il settimo centenario del felice passaggio di san Francesco di Assisi dal terreno esilio alla patria celeste».[42]

Prosegue insistendo sul dovere della celebrazione, ricorda i tempi aspri del Medioevo, elogia il Santo e la famiglia religiosa da lui fondata, invita infine tutti alla preghiera.[43] Fosco approfitta della straordinaria opportunità offerta dal papa per proseguire la sua intensa attività di conferenziere e di scrittore. Sulla rivista esamina la monumentale chiesa di san Francesco a Viterbo, nei dettagli storici e artistici, sempre illuminati dalla sua profonda fede.[44] A giugno del 1926 si formano comitati nazionali fuori dell'Italia. In Polonia aderiscono il Nunzio apostolico, il Governo e tutte le famiglie francescane, mentre il padre Rizzi dei minori conventuali, professore dell'università di Cracovia, dirige le manifestazioni civili e religiose dal 2 al 4 luglio. In Spagna tutti gli Ordini francescani promuovono comitati, in Columbia si muove l'Università per inaugurare una casa di cultura italiana dedicata a san Francesco, con l'approvazione del governo italiano. A Cuba si bandisce un concorso letterario a premi sulla vita e la storia di san Francesco.[45] In frate Elia, non del tutto compreso, anzi addirittura ignorato, padre Achille vede non solo il glorificatore della morte del Santo, ma anche una copia viva di Gesù Cristo Crocifisso. Infatti san Francesco lo benedisse come uomo giusto e gli augurò il pieno adempimento di tutto quello che lui desiderava.[46] Il 4 ottobre 1926 rappresentò l'apice del centenario. Dalla lettura dell'articolo di padre Achille si respira la gioia che prova dopo le tante fatiche sostenute, perciò lo riportiamo nella parte più significativa:

«Risuonano tuttora nelle fibre più intime del nostro essere tutte le voci di giubilo, tutti i canti, tutti i suoni armonizzati nelle vie, nelle piazze, nelle abitazioni, nei templi, dalle torri di Assisi vestita a festa, a gloria. Ritorna, come eco di cielo, la liturgia solenne, maestosa, giuliva, divina della Chiesa Patriarcale, della Basilica papale di san Francesco voluta dalla volontà del papa Gregorio IX, su idea e disegno di Frate Elia, alla gloria luminosa del tempo, affinché con il sacro corpo del Poverello si trasmettano ai posteri la missione di amore, di luce, di pace, di serenità evangelizzata dall'Uomo umile, dal pusillo di Assisi per seguire le orme di quei, che incarna l'umiltà stessa. Il 4 ottobre ha 1926 ha segnato la massima apoteosi che la Chiesa e la società possano tributare ad un uomo. Infatti, nessuno di coloro che la storia chiama grande ha avuto, nel corso dei secoli, in tutte le età, un tributo di affetto universale; niuno raccolse tanta ammirazione e devozione da uomini d'ogni fede e d'ogni regione. Dai piccoli villaggi alle popolose città, dai municipi alle tribune di governo, dalla chiesetta nascosta tra le forre dei monti alle cattedrali maestose, dall'umile sacerdote al venerando porporato, da per tutto e da chiunque- con la voce di popolo e di statisti, si è inneggiato alla mirabile figura del dolce Padre, del Poverel-

[42] PIO XI, *Lettera Enciclica di Pio XI per il VII Centenario della morte di san Francesco*, in "San Francesco", 7(1926) pp. 126.
[43] Cf. *ibidem.*
[44] A. FOSCO, *La monumentale chiesa di san Francesco in Viterbo*, in "san Francesco", 6 (1926) pp. 140-144,
[45] *Cronaca del Centenario di san Francesco*, in "San Francesco", 6(1926), p. 148; A. FOSCO, *Il glorificatore della morte di san Francesco*, in "San Francesco", 9-10(1927), pp. 205 - 207.
[46] *Ibidem.*

lo d'Assisi. E la Chiesa, feconda madre dei Santi, con la voce del sommo pastore Pio XI da Roma ha sopra tutti gli altri santi, magnificamente onorato quei che riparò la Chiesa rosa dagli errori, minata dai vizi, la Chiesa ha inghirlandato di aureola più fulgida la fronte del suo "nuovo Cristo", del sole d'Italia che riscaldò attraverso settecento anni i cuori degli umili come dai geni sommi dell'umanità».[47]

L'articolo ricorda ancora la bolla di Pio X *Septimo iam* a proposito della basilica francescana di Assisi, fa una rapida sintesi della storia della rivista dal 1920 fino ad allora e si augura che continui sulla strada tracciata nei sette anni con la collaborazione di nuovi autori. Conclude dicendo che il 4 ottobre 1926 è il monumento vivo che rimarrà nella storia. Le notizie di cronaca riferiscono che L'Osservatore Romano aveva riprodotto fedelmente tutti i fatti religiosi e civili legati ai festeggiamenti dal 3 al 6 ottobre per tramandare a futura memoria tutto quello che "facilmente si perderebbe nella stampa giornaliera.[48] La rivista "san Francesco" 1926 dedica le ultime 40 pagine non solo alla cronaca di tutti i fatti connessi con la celebrazione, partendo dal Transito, ma anche agli echi riportati dalla stampa nazionale e internazionale. Certo il racconto centrale è quello del solenne pontificale del 4 ottobre 1926. Non solo vi si riferiscono tutti i passaggi della celebrazione, tra cui l'omelia del cardinale delegato dal papa Pio XI, Merry Del Val, ma anche i nomi degli altri quattro cardinali celebranti, di vescovi e arcivescovi, di mons. Tonizza vicario apostolico della Libia, del ministro del Nicaragua presso la Santa Sede, dei padri generali dei tre ordini francescani e di altri ordini religiosi. Ai Vespri solenni presieduti dal cardinale legato pontificio, Padre Fosco svolge la funzione di cerimoniere. Infine il cardinale legato e la missione pontificia sono ricevuti dal sindaco di Assisi in municipio, a Palazzo dei Priori alle ore 18, 30, in modo solenne e al suono della banda. I discorsi si concludono con quello del Sindaco di Assisi che offre la cittadinanza onoraria al cardinale Merry Del Val, scritta in latino su pergamena e con i ringraziamenti dello stesso cardinale.[49] La prima pagina del settimo volume "S. Francesco" 1927 si apre con la seguente informazione della redazione:

«Nell'articolo intitolato 4 ottobre del numero di dicembre, era stato accennato a cambiamenti nella direzione del periodico. Ora siamo in grado di informare i nostri lettori ed amici che a succedere al p. Achille Fosco, che tanta passione ed operosità ha dato alla nostra rivista, è stato chiamato dalla fiducia dei Superiori il p. Alberto Grossi. Al Direttore uscente il nostro ringraziamento cordiale: al nuovo Direttore gli auguri più lieti per l'avvenire del periodico».[50]

---

[47] A. Fosco, *4 ottobre 1926 - apice del Centenario*, in "San Francesco", 11-12(1926), pp. 246-248.
[48] *Ibid.*, p. 248.
[49] *Cronaca del Centenario di san Francesco*, in "San Francesco", 6(1926), pp. 249- 263.
[50] REDAZIONE, *Cambiamenti*, in "San Francesco", 1(1927), p. 4.

1.5. I SEGNI DEI TEMPI (*MT* 16, 1-4)

Per capire meglio l'itinerario spirituale e operativo, compiuto da padre Achille e documentato finora, è opportuno ricordare il tempo storico nel quale egli si trovò a vivere. In particolare si prenderanno in esame gli anni che vanno dal 1915 al 1929, sotto tre aspetti: le Istituzioni italiane e la Chiesa, Guerra e dopoguerra, Conseguenze internazionali. La prima guerra mondiale viene definita come "una svolta molto incisiva nella storia mondiale ed ecclesiastica".[51] Essa espresse una profonda crisi di senso religioso e spirituale, che influenzò in modo drammatico la società, la cultura, la politica e l'economia mondiale. Il papa Benedetto XV (1914-22) dovette subire, oltre le pressioni di varia natura dai singoli stati, le inevitabili conseguenze della *Questione Romana,* che brevemente riepiloghiamo. Con tre leggi, quella della soppressione degli ordini religiosi del 1866, l'incameramento dei beni ecclesiastici e sul matrimonio civile, si scatenò in Italia una grave ondata di anticlericalismo. Nel 1870, dopo il ritiro delle truppe francesi da Roma per la sconfitta di Sedan, il generale Raffaele Cadorna penetrò nello stato pontificio e, attraverso la breccia di Porta Pia, entrò a Roma, dichiarando la fine del potere temporale dei papi. Il papa Pio IX si sentì prigioniero dello stato italiano e col *Non Expedit* invitò i cattolici italiani a non partecipare alla vita politica dello stato.[52] Il successore Leone XIII (1878-1903), in un certo senso, dà inizio ad un periodo di disgelo, sia pure senza essere compreso. Prosegue l'applicazione della riforma del Concilio Vaticano I, pubblicando numerose encicliche, di cui la più conosciuta è la *Rerum novarum* del 1891. Essa propone una opportuna collaborazione tra Stato e Chiesa, fissa i fondamenti cristiani della vita politica, l'origine del potere civile, chiarisce il concetto di vera libertà, affronta il tema della questione operaia, dei rischi connessi con alcune ideologie e infine tutti i temi ecclesiali del tempo. In particolare con l'enciclica *Aeterni Patris* del 1879, il papa raccomandò lo studio di san Tommaso d'Aquino, nel 1902 istituì una commissione biblica e aprì l'Archivio Vaticano a studiosi di tutte le confessioni per favorire gli studi storici.[53] Pio X (1903-1914), pur continuando sul percorso intrapreso dal suo predecessore, dovette confermare il divieto rigoroso al potere secolare di intromettersi nelle nomine ecclesiali, sciolse l'Opera dei Congressi e con il *Fermo proposito* del 1905 migliorò i rapporti con lo stato italiano.[54] Ottenne un discreto risultato con le votazioni del 1913. La legge elettorale, approvata dal Parlamento italiano il 25 maggio 1912, estese il diritto di voto a tutti i cittadini maschi di anni 21 se alfabeti e con servizio militare compiuto, di anni 30 se analfabeti e senza chiamata alle armi.[55] Le prime elezioni a suffragio universale maschile si tennero il 26 ottobre 1913 e in quella occasione si favorirono accordi tra associazioni cattoliche e candidati liberali. Le forme di collabo-

[51] K. BIHLMEYER - H. TUECHLE, *Storia della Chiesa L'epoca moderna*, vol. 4, Morcelliana, Brescia 1983, p. 344.

[52] G. PERUGI - M. BELLUCCI, *Età contemporanea*, Zanichelli, Bologna 1998, p. 912.

[53] K. BIHLMEYER - H. TUECHLE, *Storia della Chiesa L'epoca moderna*, vol. 4, pp. 250-251.

[54] L'Opera dei Congressi e dei comitati cattolici fu fondata nel 1875 come movimento cattolico e iniziative di associazioni che sostenevano la necessità della libertà religiosa per la Chiesa cattolica; cf. *ibid.*, pp. 237-238.

[55] A. BRANCATI, *Civiltà nei secoli*, (vol. 3) La Nuova Italia, Firenze 1989, p. 137.

razione si concretizzarono con il patto Gentiloni, che impegnava le istituzioni pubbliche a tutelare i diritti dei cattolici nel nuovo Parlamento.[56] La prima guerra mondiale, prolungandosi, costrinse i singoli stati ad aumentare l'industria bellica, spesso utilizzando il lavoro femminile; contemporaneamente diventarono una norma le requisizioni, i razionamenti, gli accurati controlli sul commercio estero. Otto milioni e 388 mila morti furono l'alto prezzo pagato alla storia, ma alla conferenza di pace di Parigi del 1919 parteciparono solo i 27 paesi vincitori, anche se i caduti appartenevano a tutte le nazioni. In Italia le enormi spese per sostenere la guerra crearono un disavanzo del bilancio dello stato, a cui si reagì stampando moneta e provocando inflazione. Le retribuzioni subirono un calo considerevole. Il caro vita favorì gli scioperi degli operai nelle fabbriche e l'occupazione delle terre da parte dei contadini fittavoli o mezzadri. A tale situazione sociale si aggiunge il quadro politico costituito da liberali, socialisti e fascisti in forte contrapposizione tra di loro; spesso sapevano raccogliere solo il diffuso disagio presente nel paese, senza saper dare opportune risposte. I confini d'Italia si definirono con la conferenza del 7-12 novembre 1920 a Rapallo, in cui lo stato italiano ottenne le frontiere della Venezia Giulia previste dal patto di Londra, alcune isole della Dalmazia e Fiume dichiarata città libera.[57] Benedetto XV (1914- 1922), come appena accennato, proseguì con la riforma del Diritto canonico, già iniziata da Pio X, si impegnò nella rinascita delle Missioni distrutte dalla guerra, incrementò gli studi teologici e fondò l'Istituto Orientale per le questioni delle Chiese orientali. Pio XI (1922-1939) intervenne profondamente in tutti i settori della vita ecclesiastica e religiosa, canonizzò numerosi santi, difese il matrimonio e la dignità umana dei cristiani, si oppose agli errori del Modernismo e delineò il sacerdote ideale del proprio tempo.[58] Nei tempi difficili del dopoguerra regolò, attraverso accordi bilaterali, i rapporti tra la Santa Sede e gli altri stati. Fu proprio lui a chiudere la questione romana e a riconciliare il papato con il regno di Italia, firmando i Patti Lateranensi dell'11 febbraio 1929, che dopo 60 anni pose fine alla controversia tra Stato e Chiesa. I Patti si compongono di due parti: il Trattato con 27 articoli ripristina la sovranità del Papa in Vaticano e riconosce lo stato italiano con Roma capitale; il Concordato con 45 articoli stabilisce il libero esercizio del potere spirituale anche sulle associazioni laicali come l'Azione Cattolica, il carattere sacro della città eterna, approva norme apposite per chierici e religiosi in merito al servizio militare e ad altri compiti; attribuisce diritti alla Chiesa su alcuni santuari e fissa regole per gli enti ecclesiastici.[59] I Patti chiudevano vicende irrisolte da secoli, risolvevano la questione romana in senso positivo e lo stato del Vaticano diveniva indipendente su basi storiche e teologiche. Il papa, totalmente libero nell'esercizio del suo ministero universale, poteva dedicarsi alla sua Chiesa,

[56] G. PERUGI - M. BELLUCCI, *Età contemporanea*, Zanichelli, Bologna, 1998 pp. 1051- 1052.

[57] *Ibid.*, p. 1177.

[58] Cf. PIO XI, *Littera Enciclica - Ad catholici sacerdotii* [20 dicembre 1935], in *AAS* 28(1936) 24-30.

[59] P. SCOPPOLA, *Coscienza religiosa e democrazia nell'Italia contemporanea*, Il Mulino, Bologna 1966; F. FONZI, *I cattolici italiani dopo l'Unità*, Studium, Roma 1977; A. POLCRI - M. GIAPPICHELLI, *Ventesimo secolo*, Giunti, Firenze 1995, *I cattolici nell'Italia post-risorgimentale dalla rottura alla riconciliazione con le istituzioni*, pp.64-69; I. CERVELLI, *I cattolici dall'unità alla fondazione del partito popolare*, Cappelli, Bologna 1974.

come vicario di Cristo.[60] I Patti Lateranensi durarono fino al 1984, quando furono rivisti nel punto dove si diceva che la religione cattolica è "fondamento e coronamento dell'istruzione pubblica." Rimasero garantiti tutti gli spazi di libertà della Chiesa cattolica, intesa sia come gerarchia che come popolo di battezzati. L'articolo 7 della Costituzione italiana restava invariata.[61] Spieghiamo ora, alla luce dei segni dei tempi, gli aspetti fondamentali della prima fase della vita di padre Achille. Egli dovette prestare il servizio militare, perché erano esonerati solo gli inabili. Tutti gli altri cittadini maschi erano obbligati per legge, in caso di rifiuto finivano in carcere. Solo con il Concordato del 1929 seminaristi e sacerdoti, considerati pacifici, furono esclusi dalle armi. Consideriamo, però, anche gli eventi civili e istituzionali, che si verificano dal 1922 al 1929 e che smantellano lo stato liberale in Italia. Nel 1922 Mussolini aveva istituito il Gran Consiglio del Fascismo con l'idea di delegittimare il Parlamento, nel 1923 trasformò le squadre d'Azione fascista in Milizia volontaria per la Sicurezza pubblica, nel 1924, la legge Acerbo, votata in parlamento, attribuisce due terzi di voti al partito che riporta il maggior numero di voti. Giacomo Matteotti che denunciò in Parlamento le irregolarità e i soprusi commessi dai fascisti, fu ucciso il 10 giugno 1924. La dittatura fascista si instaurò il tre gennaio 1925 e finì il 25 luglio 1943 con tutte le note conseguenze. Nel periodo di regime, lo stato restò sempre ostile ai cattolici, che svolgevano attività politica nel partito popolare o nelle leghe bianche. Don Giovanni Minzoni, ex cappellano militare e decorato di medaglia d'argento (1885-1923), pagò con la vita la sua dedizione alle organizzazioni cattoliche. Mussolini, da parte sua, una volta assunto il potere, considerò vantaggioso per lui un accordo ufficiale con La Chiesa, senza mai deporre l'ascia di guerra. Infatti nel maggio del 1931 emise un provvedimento per la chiusura immediata di tutti i circoli cattolici e in particolare l'Azione Cattolica.[62] Ecco spiegato perché padre Achille si trova ad operare in un periodo estremamente difficile, nel quale la prudenza doveva trovare la massima applicazione. Quando il 30 giugno 1925 padre Achille si reca a Palazzo Chigi per la prima udienza con Mussolini, e il 16 giugno del 1926 per la seconda volta, sul diario non annota altro al di là della data.[63] Comunque da tutti gli eventi successivi risulta abbastanza chiaro che va a Palazzo Chigi per concordare le fasi dello svolgimento del settimo centenario di san Francesco e pertanto la festa del Santo patrono d'Italia. É pensabile e possibile che abbia contribuito, sia pure in maniera indiretta, all'articolo del Concordato che riconosce alla Chiesa cattolica e pertanto allo stato del Vaticano l'appartenenza dei santuari di Loreto, Assisi e Padova. Infine, per quanto riguarda la permanenza di padre Achille in Spagna, occorre chiarire che la Santa Sede aveva sottoscritto un concordato con quella nazione fin dal 1851, con l'aggiunta di una convenzione nel 1859, quindi la Spagna insieme con il Portogallo, era considerato un paese tradizionalmente cattoli-

---

[60] GASPARRI- MUSSOLINI, *Inter Sanctam sedem et Italiae regnum Conventiones initae die 11 februari 1929, in* A.A.S., vol. XXI, 6 (1929) pp. 209- 295.

[61] COSTITUZIONE ITALIANA, n. 7. Lo Stato e la Chiesa cattolica sono, ciascuno nel proprio ordine, indipendenti e sovrani. I loro rapporti sono regolati dai patti lateranensi. Le modificazioni dei Patti, accettate dalle due parti, non richiedono procedimento di revisione costituzionale.

[62] A. BRANCATI, *Civiltà nei secoli*, vol. 3 La Nuova Italia, Firenze 1989, pp. 183-184.

[63] A. FOSCO, *Diario* I, 30 giugno 1925 p. 9.

co. La Costituzione spagnola del 1876 definisce la religione cattolica apostolica romana come "religione di stato".[64]

1.6. Maestro elementare nelle periferie spagnole (1927-29)

Appena padre Achille conclude il suo mandato come direttore della rivista, viene inviato come superiore per circa tre mesi, a Nettuno, poi riprende l'evangelizzazione itinerante per tutto il 1927. É proprio in questo periodo, come lui dice, che scrive i due testi: *Perché la vita e perché credo, il* primo pubblicato, il secondo smarrito dall'editore.[65] Ai primi di ottobre si trasferisce a Siena, dove resta fino al marzo del 1928 per studiare "il magnifico tesoro d'arte" della città e del territorio confinante. A tal proposito bisogna dire che padre Achille, proseguendo nello studio dell'arte sacra, non fa altro che accogliere l'invito che i pontefici del suo tempo avevano rivolto agli studiosi di qualsiasi appartenenza culturale per approfondire studi biblici, storici e artistici. Proprio alla fine di marzo del 1928, il padre provinciale chiama padre Achille a santa Croce di Firenze per fondare il bollettino francescano "L'apostolato". Lui accetta e lo dirige per alcuni mesi fino alla fine di luglio. Per il mese di agosto si reca a Viterbo e Fiuggi per curare i reumatismi. A settembre parte per Barcellona come cappellano della Colonia italiana. Insegna religione presso le scuole della Dante Alighieri, inoltre funge da maestro elementare presso la scuola serale degli operai italiani, che vivono nei quartieri periferici della città. Vi resta fino alla fine di febbraio del 1929, con qualche breve visita a Perpignano e in Francia.[66] Il 10 gennaio del 1929, su richiesta del padre generale che gli dà ampie facoltà, va a Torrega, sempre in Spagna per acquistare l'abbazia dei Cistercensi e per fondare un collegio dei Conventuali. Le trattative vanno avanti con esito positivo e anche con l'approvazione e l'entusiasmo del Generale. Contemporaneamente padre Achille visita tutta la Catalogna, mantiene una corrispondenza epistolare col cardinale Federico Tedeschini allora nunzio a Madrid. L'iniziativa dell'acquisto dell'abbazia non si conclude, però, con un esito positivo e padre Achille ne spiega le ragioni:

> «L'invidia del padre superiore di Granollers mi fece capire che neppure nella Spagna potevo lavorare senza incontrare le solite miserie della gelosia. *Insalutato ospite*, telegrafai a Roma al padre Generale avvertendolo che

---

[64] K. BIHLMEYER - H. TUECHLE, *Storia della Chiesa - L'epoca moderna*, Morcelliana, Brescia, 1983, vol. IV, pp. 174-175; 249- 274.

[65] A. Fosco, *Diario* I, pp. 10-14. Citiamo solo alcune tappe relative ai suoi spostamenti: 15-18 dicembre 1926 Venezia: 20-21 dicembre 1926 Napoli; 5-11 gennaio 1927 Napoli ospite delle famiglie Iole Pepe e Mannini De Scalzi; 12 gennaio 1927 Civitavecchia; 13 gennaio -16 marzo, Oristano, Cagliari; dal 17 marzo al 25 Sassari; dal 26 marzo al 3 aprile Lanciano; dal 4 al 10 aprile Roma; 11 aprile Napoli s. Gennaro al Vomero e s. Anastasia; dal 12 aprile a fine settembre Ravello.

[66] A. Fosco, *Diario* I, Anni 1927-28-29, pp. 14-17.

lasciavo immediatamente la Spagna e mi fermavo a Genova. Questo fatto non poté piacere al rev.mo p. Orlini, acuì anzi il nostro dissenso e decisi irrevocabilmente di farmi prete secolare».[67]

In tre giorni parte da Barcellona, va a Marsiglia, poi a Genova in san Francesco d'Albaro, dove restò fino alla fine di settembre del 1929. Intanto insiste, senza essere ascoltato, presso il padre Generale per lasciare l'ordine e divenire prete diocesano. Appena il Generale inizia un viaggio per andare in Polonia, padre Achille scrive al delegato padre D'Ambrosio, gli invia la petizione per la Santa Sede e, verso la metà di settembre 1929, ottiene il permesso di lasciare l'ordine conventuale e divenire sacerdote diocesano. Alla fine del mese di settembre, padre Achille lasciò Genova "in abito secolare da prete, con il solo breviario" e si trasferì a Tropea, dove il vescovo S. E. Mons. Felice Cribellati lo aveva incardinato in quella diocesi.[68] Il 1930 è l'anno delle decisioni provvidenziali. Cinque anni prima aveva incontrato Luisa Ferrari,[69] che diventerà Madre Giovanna Francesca dello Spirito Santo, fondatrice delle Suore Francescane missionarie del Verbo Incarnato, con casa generalizia a Fiesole, in provincia di Firenze. Ora, in Puglia ha bisogno di donne formate per educare i futuri cristiani.[70] Quando a settembre, assume la parrocchia di Motta Filocastro, in provincia di Catanzaro, scrive a Luisa Ferrari, che ricordava bene, per incoraggiarla nella sua scelta.[71] Il 10 ottobre arrivano le prime tre giovani: Paola, Magda e Luisa. Dopo tre anni è nominato parroco a Roio Colle, in provincia dell'Aquila ed è proprio qui che don Achille prova la sua prima esperienza di fondatore. L'arcivescovo monsignor Gaudenzi Manuelli lo incoraggia in un'opera che sembrava davvero impossibile intraprendere: ricostituire l'ordine benedettino-celestino nel territorio. L'ordine dei Celestini era stato soppresso nel 1866, con la famosa legge del 1855, che fu prima applicata in Piemonte, e poi in tutta Italia, dopo l'Unità. Don Achille sperimenta lui stesso la vita monastica, nei locali della canonica, qualche tempo dopo è seguito da alcuni aspiranti. A settembre del 1935 tutti insieme si spostano in un vecchio convento a s. Martino in Pensilis, in provincia di Campobasso. In ottobre 30 aspiranti vestono l'abito, in breve diventano 40, ma non ricevono i necessari permessi ecclesiali per proseguire. Nell'ottobre del 1936 i probanti vengono accolti nell'Ordine dei Frati Minori Conventuali, don Achille è ospite dei Canonici Regolari di s. Pietro in Vincoli a Roma.[72]

---

[67] A. Fosco, *Diario* I, p. 16.
[68] A. Fosco, *Diario* I, 28 febbraio 1929, p. 17.
[69] Madre Giovanna Francesca dello Spirito Santo (al secolo Luisa Ferrari) Fondatrice delle Missionarie Francescane del Verbo Incarnato, nata a Reggio Emilia il 14 settembre 1888 e morta in concetto di santità nella Casa Generalizia a Fiesole (Firenze) il 21 dicembre 1984: https://capitologenerale2014.files.wordpress.com/2014/06/madre-giovanna-francesca-dello-spirito-santo-luisa-ferrari.pdf
[70] A. Fosco, *Le Francescane missionarie del Verbo incarnato*, in Diario cronologico II, pp. 38-39.
[71] A. FOSCO, in *ibid.* «É l'ora sua, è qui, in questa lontana terra calabrese che Dio chiama. Metto a disposizione sua e delle sue prime compagne la mia casetta: due stanzette, in un tugurio a pian terreno. Io cerco altro nido. In compenso apro il mio povero cuore paterno alle sue figliuole, dividerò il pezzo di pane con loro, ma avranno agio di cominciare ad essere vere missionarie» Pubblicato su *Il Misericordioso*, Marzo 1951, p. 1.
[72] G. DI RENZO, *Lettera ad Achille Fosco*, il 27 febbraio 1961, p. 1; in "*Circolari - corrispondenza*, p. 34, in APIN. Nel "Bollettino di s. Apollinare", riportato in *Diario* IV, p. 6; in APIN. Don Giovanni Di Renzo racconta che lui era stato uno dei primi seguaci di don Achille. E inoltre vicario e amministratore della comunità celestina. Era stato ordinato

1.7. NELL'ARCIDIOCESI DI LANCIANO-ORTONA

Nel 1939, mentre i rapporti internazionali vanno progressivamente deteriorandosi, i militari italiani partono verso l'Africa, altri si insediano sul fronte greco, passando per l'Albania. A giugno del 1940 l'Italia entra in guerra come alleata della Germania.[73] Don Achille si trova già in Abruzzo ed è parroco di Mozzagrogna. Infatti proprio come parroco di Mozzagrogna il 28 aprile del 1940, celebra il matrimonio del nipote Giovanni con Bice Milantoni. Alcuni giorni dopo, libero dall'obbligo del servizio militare in seguito al concordato del 1929, che fissava l'esonero per seminaristi e sacerdoti, lascia Mozzagrogna e va a Trieste come vice parroco nella parrocchia di sant'Antonio Vecchio. Vi resta fino al 12 settembre 1942, costretto da eventi bellici.[74] Il diario non spiega le motivazioni, ma sono intuibili se pensiamo alla situazione storica in cui l'Istria si trova dalla fine della prima guerra mondiale a quella dell'inizio della seconda. Il 3 novembre 1918, Trieste, l'Istria, Zara e più tardi Fiume, rientrano nel territorio dello stato italiano. L'Italia sente più sicuro il confine delle Alpi Giulie, però all'interno di quei territori vivono circa quattrocentomila croati e sloveni che si adattano alla nuova situazione.[75] Nel 1939, quando si avvicina l'inizio del secondo conflitto mondiale, il regime fascista impedì ogni attività politica e culturale agli slavi presenti nel territorio italiano, suscitando un acceso sentimento anti italiano. Don Achille va come vice parroco a Trieste perché nella esperienza pregressa ha dimostrato notevoli capacità di adattamento e mediazione. Proprio mentre è a Trieste perde il padre, Giovanni.[76] Quindi proprio nel 1942 torna nella diocesi di Lanciano, dove l'arcivescovo Tesauri gli affida la parrocchia di san Leonardo abate di Ortona e la chiesa della frazione di san Nicola, dove raccoglie 95.000 lire di offerte per erigervi la parrocchia. Così don Achille si trova a reggere la parrocchia più un'altra chiesa sussidiaria. Il 20 settembre celebra il primo battesimo, ma sul suo diario annota come celebrazione particolare solo quella dell'otto settembre, proprio il giorno dell'armistizio tra Italia e Germania.[77] Purtroppo, si trova sul fronte del secondo conflitto mondiale, dal momento che il territorio ortonese è sulla linea Gustav. Gli alleati infatti, considerano strategica l'occupazione della frazione san Leonardo, prima di raggiungere la strada per Ortona, dove erano appostati i tedeschi. Dal 6 dicembre del 1943 al 9 dicembre, a san Leonardo i tedeschi persero 26 soldati, presi prigionieri, 170 tra morti e feriti, 25 carri armati. I civili si ammassarono nelle case, ma dovettero ugualmente registrare 15 morti. La distruzione di edifici e della chiesa parrocchiale, stupri e violenze dei soldati di colore alle giovani di san Leonardo, segnò la fine della guerra. Gli uomini erano al fronte, le donne terrorizzate dalla fame, dalla denutrizione dei loro bambini, dalla permanenza nelle grotte. La tragedia durò pochi mesi, ma

sacerdote il 5 marzo del 1940: cf. *ibidem.*

[73] A. POLCRI - M. GIAPPICHELLI, *Ventesimo secolo*, Giunti, Firenze, vol. 3, p. 244.

[74] Cf. A. Fosco, *Diario cronologico* II, p. 51.

[75] G. PERUGI - M. BELLUCCI, *Età contemporanea,* vol. III, Zanichelli, Bologna, 1998, pp. 1124-1129.

[76] Cf. A. Fosco, *Diario* IV, p. 7.

[77] *Ibid.*, p. 8; cf. A. Fosco, *Libro dei Battezzati - parrocchia s. Leonardo abate*, 20 settembre 1942, p. 24.

solo nel giugno del 1945 i tedeschi abbandonarono definitivamente tutto il territorio ortonese. Fino a quella data regnavano sfollamento, miseria, rimpatrio dai luoghi di lavoro forzato della Germania. Anche se la frazione conta meno di mille abitanti, il parroco don Achille Fosco si trova a gestire la parrocchia nel periodo peggiore della propria storia. Il primo settembre celebra il matrimonio dei nipoti Italo Fosco e Anna Dragani. Per l'occasione scrive una lettera, che poi dà alle stampe, e indirizzata ai due sposi. Nella introduzione sostiene che il matrimonio rispecchia l'alleanza tra Cristo e la sua Chiesa. É una delle sette fonti della vita cristiana, che ha per scopo il mutuo aiuto dei coniugi e la reciproca felicità, la procreazione della prole, il mantenimento e la circolazione della vita. Prosegue ricordando agli sposi che essi hanno ricevuto da Dio una grande missione, continuare la generazione nella lunga catena dei secoli, come un grande fiume che scorre ininterrottamente. Poi passa ad esaminare il significato religioso della famiglia e in particolare, la funzione del padre, della madre e dei figli, che rappresentano il futuro della Chiesa. Aggiunge che Gesù Cristo è il centro del "focolare domestico." Conclude dicendo che il matrimonio è "un inno alla vita" se gli sposi condurranno con dignità la loro "altissima Missione."[78] Mentre è parroco a san Leonardo, va anche a predicare nella chiesa dei conventuali di Pescara, riceve lettere di invito dal vescovo Domenico Petroni perché si incardini nella sua diocesi.[79]

1.8. DUE ANNI DI RIFLESSIONE E PROGETTI

Il 1945 e l'anno successivo segnano a livello internazionale la nascita dell'ONU e la conferenza di Parigi, che elabora i trattati di pace contro i paesi alleati della Germania. L'Italia, anche se divenuta repubblicana, è costretta a cedere alla Iugoslavia l'Istria, Fiume, Zara e la Venezia Giulia orientale, alla Grecia il Dodecaneso e Rodi, alla Francia Briga e Tenda. Perde inoltre tutte le colonie africane: Eritrea, Etiopia, Somalia e Libia. L'Albania torna indipendente. Trieste è dichiarata territorio libero con la zona A sotto l'amministrazione anglo americana e la zona B sotto l'amministrazione della Iugoslavia. Questa premessa storica è necessaria per capire la prima diatriba che nasce a Rionero quando don Achille accetta aspiranti dal nord per la sua opera. Ai grandi avvenimenti internazionali, bisogna aggiungere inoltre che il sei gennaio del 1946, il papa Pio XII promulga l'enciclica *Quemadmodum cum* in cui rivolge un accorato appello per l'aiuto all'infanzia abbandonata. Ecco uno dei passi più significativi:

[78] A. Fosco, *Ai miei nipoti Italo Fosco e Anna Dragani nel giorno del loro matrimonio celebrato in san Leonardo di Ortona il 1 settembre*, 1945, stampa in APIN p. 1-5. Ultima firma di A. FOSCO in registro battezzati della Parrocchia di s. Leonardo abate: 26 agosto 1945, p. 34.

[79] A. Fosco, *Diario* IV, (Dattiloscritto dall'originale in forma cronologica con note e aggiornamento dalla sorella misericordiosa madre LUCIA BURLOTTI - *ex madre generale*), pp. 8-9.

«Fra le sciagure senza numero prodotte dall'orribile conflagrazione, nessuna al nostro cuore paterno reca una ferita più dolorosa di quella che si abbatte su una moltitudine di innocenti fanciulli, che a milioni, come ci è riferito, privi delle cose necessarie alla vita, in molte nazioni cadono vittime del freddo, della inedia e della malattia; e che spesso, abbandonati da tutti, non solo mancano di pane, di vesti e di tetto, ma anche di quell'affetto, di cui la tenera età sente così vivo il bisogno. Come sapete o venerabili fratelli, nulla abbiamo omesso a questo riguardo di quanto era in nostro potere; e qui esprimiamo la nostra più fervida riconoscenza a quanti con la loro generosità ci hanno consentito di alleviare la indigenza di innumerevoli bambini. Sappiamo che non pochi, sia privatamente sia mediante enti e associazioni si sono assunti questa iniziativa e hanno cercato di attuarla con premuroso impegno. Ma poiché tali *provvidenzecure* sono ben *luntane* dall'essere adeguate alla immensità di tali sventure, stimiamo cosa conforme al nostro ministero rivolgervi un paterno invito per scongiurarvi di voler prendere a cuore in modo particolare quanto riguarda i fanciulli bisognosi, e di adoperarvi a mitigare e migliorare le loro penose condizioni».[80]

Il papa, quindi rivolge un appello alla carità di tutti sull'esempio del maestro Gesù, come dovere particolare di quel tempo storico. Don Achille giunge a Rionero in Vulture il primo settembre del 1946, portando nel cuore tutte le richieste del Papa. Non ha un luogo stabile, dove dormire, perciò trova ospitalità presso una casa privata. Passati alcuni giorni, davanti a tutto il clero, il vescovo lo nomina prima vicario di san Marco, poi vicario foraneo. In breve tempo, don Achille riesce a prendere in affitto due stanze e una cucina, che appartenevano ad una vecchia casa con scala esterna, per potersi cucinare da solo, come sempre aveva fatto. Dopo circa tre mesi viene raggiunto dal primo aspirante misericordioso proveniente da Brescia, a cui seguono altri, tra cui un milanese. Nel 1947 i profughi italiani provenienti da Pola e dai territori italiani passati sotto altri stati, rappresentarono un esodo di massa delle popolazioni italiane espulse dalle loro terre d'origine. Circa duecento cinquanta mila italiani lasciarono l'Istria, con conseguenze facilmente immaginabili. Don Achille si addossa tutti i problemi del momento. Il professor Giuseppe Catenacci, in una poesia di 14 versi racconta il momento in cui tre fanciulle, abbandonate dal padre, invaghita di un'altra donna, giungono piangenti con la madre a Rionero. Così conclude: «La carità, la carità conosco dei Misericordiosi! Andiamo di fiato a ritrovar il babbo da don Fosco».[81] Mentre il numero degli aspiranti tende ad aumentare come segno tangibile della presenza di Dio, le incomprensioni e le difficoltà di adattamento per creare lo spirito di fraternità non mancano. Il 26 aprile del 1947, con un atto notarile don Achille fissa la Costituzione della pia Associazione dei Misericordiosi.[82] Passano alcuni giorni e le prime 5 aspiranti delle sorelle misericordiose prendono dimora in Atella.[83] Seguono la

---

[80] PIO XII, *Littera Encyclica - Quemadmodum cum* [6 gennaio 1946], in *AAS* 38(1946) 5-10.

[81] G. CANTENACCI, *Caritas*, in "Il Misericordioso", luglio-agosto (1947), p. 1.

[82] Cf. "Il Misericordioso", marzo-aprile 1947; "Il Misericordioso", maggio-giugno, 1948.*Costituita con atto notarile del 28 aprile 1947 la pia Associazione dei Misericordiosi lanciò l'undici maggio 1947 quando si integrò con la costituzione del primo nucleo delle Sorelle misericordiose.*

[83] A. Fosco, *Diario* V, pp.5-6 (avuto da Gabriele Sfarra uno degli aspiranti celestiniani degli anni 1936-37 in san Martino in Pensilis). Quelle che seguono risultano le date più importanti per l'inizio dell'Opera di Fosco: l' 8 gennaio

vestizione, la prima professione religiosa e l'apertura di tre case: Fornero, Rionero e Pertosa. Il 12 giugno 1948 don Achille viene ricevuto dal papa Pio XII e sul Misericordioso scrive un resoconto ricco di profonda fede e anche di emozioni ricevute nel momento in cui riceve la benedizione del Santo Padre.[84] Il 4 settembre del 1948 si posa la prima pietra dell'orfanotrofio, già progettato l'anno precedente, ma quasi contemporaneamente esplodono alcuni attriti. Si riveleranno positivi e chiarificatori per le Opere, che cominciano ad assumere una specifica identità. Infatti il 22 settembre 1948, S. E. Domenico Petroni, vescovo di Melfi, Rapolla e Venosa, permette la stampa delle Costituzioni dei fratelli e delle sorelle misericordiose.[85] Quattro giorni dopo, don Achille visita le sorelle di Pertosa e per l'occasione va a rendere omaggio all'abate della Badia di Cava dei Tirreni, per scambiarsi opinioni, pregare insieme e ascoltare interiormente la volontà di Dio. Proprio in questo periodo così don Achille scrive sul suo diario:

> «In altri tempi mi sarebbe scoppiato il cuore di fronte a tante prove, ma oggi resisto fortemente perché constato la presenza del Padre misericordioso *qui me confortat* e per la verità, per la giustizia e per la mia santità prego Lui, crocifisso per me, a non darmi tregua, a farmi patire, ma Lui sia sempre presente, vicino a me perché allora *omnia possum*. Non mi sono dato a Lui? E darsi a Dio sinceramente non è vivere incessantemente con la croce? Ne risente il corpo ma che importa? Devo sforzarmi a mascherare la vera vita interiore che deve essere vita di sangue d'anima, di lagrime di spirito. O Spirito Santo aiutami in queste decisioni perché siano realtà e non espressioni del momento! E tu o mia cara Madonna nostra della Misericordia, continua sopra di me indegno peccatore la tua materna e benigna protezione e risposta ai miei filiali appelli perché voglio tu trionfi, che una nuova falange di anime te proclami Madre di Misericordia, regina sovrana del cielo e della terra. Penso della mia vita sia sempre, nel pensiero e nelle opere, unicamente la volontà di Dio. Se non fosse volontà di Dio l'associazione dei misericordiosi crolli ed io sono felice di tornare nel silenzio; ma l'associazione non crollerà perché Dio la partorisce con la povertà di Betlemme e le croci del Calvario. Per il programma e il fine ben delineatosi nella mia mente sosterrò qualunque prova dolorosa, fisica e morale, anche se sarò incompreso, umiliato, perseguitato. Muoia io, ma l'opera viva perché è destinata a glorificare il Signore, a salvare moltitudini di anime su tutta la terra. Fiat! La mia confessata profonda miseria è titolo e motivo della tua Misericordia sopra di me o mio padre e Signore. Tu sei, o Dio, la vita della mia vita, e perciò non temo le insidie, le calunnie, le ire che l'inferno scatena e fa scatenare contro di me. O angelo mio, siimi vero protettore, difensore e luce di cielo! Brucio dalla passione dell'apostolato, perché tu mio Dio feristi l'anima mia con la freccia dell'amore e

---

1947 giunge da Brescia il primo aspirante misericordioso. Il 28 aprile 1947 un atto notarile sancusce la Costituzione della Pia associazione. Il 10 maggio 1947, le prime 5 aspiranti a Sorelle misericordiose si stabiliscono in Atella. L'11 maggio 1947 si costituisce il primo Nucleo Sorelle Misericordiose. Il 12 ottobre 1947, prima vestizione delle sorelle misericordiose, presieduta da S. E. mons. vescovo D. Petroni. 20 ottobre 1947 Tre sorelle vanno ad aprire la casa di Fornero. 4 dicembre 1947 Apertura della casa di Pertosa. 10 gennaio 1948 Le suore si stabiliscono a Rionero. Il 4 settembre 1948 si posa la prima pietra di un'ala dell'Orfanotrofio. Il 22 settembre 1948: S. E. il vescovo approva e permette la stampa delle Costituzioni dei fratelli e delle sorelle. Ottobre 1948 Prima apertura dell'asilo di Sermagno, acui seguono tutte le altre.

[84] A. Fosco, *Ai piedi del Papa* in "Il Misericordioso", luglio-ottobre (1948), p. 1.

[85] Il decreto di erezione *Ad esperimentum* della pia Associazione Sorelle Misericordiose era già stato emesso dallo stesso vescovo l'11 ottobre 1947. Il decreto per l'approvazione ed erezione canonica in Istituto religioso della pia Associazione sotto il titolo di Sorelle Misericordiose è del 6 novembre 1958, come riportato da relative fotocopie in ASSOCIAZIONE COLLABORATORI MISERICORDIOSI, *Documentazione storico-fotografica, come dono al prof. Nicolò Iocco*, in APIN.

l'hai emozionata con gli splendori della verità. Rientro in me. O mio Dio; chi sono io da elevarmi sino a te, e tu che discendi fino a me? É mai possibile che ti vuoi servire di questo putrido straccio per le opere delle tue misericordie? Eppure, tu ti muovi, e sia: sono tuo e fai di me secondo la tua non la mia volontà. Tutto io faccio per piacerti, per glorificarti e per farti amare. Oh come vorrei bruciare il mondo con la carità tua, essere l'apostolo universale di questo mondo tornato pagano! Dammi o divina *fons aquarum*, la forza e la grazia per dilatare lo zelo che nutro. Se tu operi, piccola favilla, gran fiamma accendi. Vorrei che i miei Misericordiosi qual immensa e gigante fiamma s'innalzi fra tutte le famiglie d'apostolato. Oh vedo la fiamma accendersi, dilatarsi dal tuo cielo acquistato per tua misericordiosa bontà, guarderò i miei figli di spirito invadere la terra con l'arma della croce e della carità. Quante sono beate le consolazioni date all'anima! Madre provvida, questa mattina, primo sabato di ottobre la grazia particolare che ti ho chiesto è la necessità di soddisfare alcuni bisogni per l'Opera. A mezzogiorno una lettera dall'America con l'invio. Grazie della pronta risposta».[86]

Il 1948 è un anno difficile per don Achille. Tra ottobre dello stesso anno e gennaio del 1950 si aprono tre asili: a Sermagno, s. Nazzaro Sesia, Monteverde e due case a Borgo d'Ale e a s. Germano.[87] Nello stesso ottobre don Achille, dopo aver pregato, decide di espellere una novizia, che non riesce a correggersi dal difetto di ricercare sempre amicizie particolari. Poi definisce il colore cinerino e le modalità da adottare relative all'abito dei fratelli e delle sorelle. Contemporaneamente riflette su se stesso in questi termini:

«Se voglio accendere gli altri devo io per primo e in misura vasta ardere d'amore. Voglio sintetizzare tutto il mio programma, che è poi tutta la dottrina del divino Maestro nell'amore, amore a Dio, e quindi al prossimo. Se amerò secondo il Vangelo sono davvero sulla via della santità, e costi quel che costi, tanto più che mi sto abituando alle croci, devo assolutissimamente battere questa via senza tante esteriori apparenze. Oh Dio mantienimi nei propositi».[88]

Ma purtroppo i tentativi di divisione si infittiscono e don Achille così prega:

«Sono nelle tue mani Signore, tu agisci in me e se lacuna si dovesse riscontrare d'ora in poi in questa miserabile creatura sia solo perché tu così vuoi. Plasmami alla scuola del Calvario. Il mio spirito sia teso nella triade: Gesù crocifisso supremo mio modello, Maria tenera mia madre di Misericordia, le anime tutte (che se non posso avvicinare con la parola, la stampa, l'esempio voglio tutte chiuse nel mio cuore) fine della mia vita per salvarle e glorificare Te o supremo Sovrano. Con la preghiera, col raccoglimento, oltre che col triduo predicato in chiesa, preparo l'anima mia per la festa di dopodomani. Intanto affluiscono domande per accogliere orfani e vocazioni e mi sanguina l'anima per doverle respingere per mancanza di locale. Accogli o Madonna la mia ri-

[86] Note della Pia Associazione dei misericordiosi e collettore dei miei soliloqui del settembre 1946 del marzo 1949 in A. Fosco, *Diario* III, pp. 3-4.
[87] A. Fosco, *Diario* III, (1946-49), pp.1-10.
[88] *Ibid.*, (7 ottobre 1948), p. 4.

chiesta, suscita mani generose perché presto sia realtà il tempio che a Te voglio innalzare e la casa vastissima con centinaia di ricoverati. Partono per Matera sr Lucia e l'aspirante materana Rosaria D'Adamo».[89]

La festa della Madonna, madre di Dio e di Misericordia è una pausa gioiosa e un riposo fisico, soprattutto perché c'è la calma fra la tempesta dei contrasti. Il giorno successivo riprendono divisioni e dispiaceri. Don Achille scrive:

«Li supererò, perché *omnia possum in Deo qui me confortat.* Lui è il mio aiuto e la mia fiducia ed Egli *potens est.* Poiché indegnissimo sacerdote e miserabile peccatore, Iddio misericordioso mi regge e protegge l'Associazione, frutto di lunga meditazione, di preghiera, di lacrima d'anima dopo lunga attesa. Confida perché *post nubila foebus* (...). Non ti curare degli uomini, ma per giustizia e verità sventa le mene avverse».[90]

Le mormorazioni e i falsi giudizi non riescono a scalfire minimamente tutte le iniziative. La sera del primo novembre, nella cappella del SS.mo Sacramento della Chiesa Madre e dinanzi alla statua della Misericordia, presenti tutti gli orfanelli, il chierico Ciro Cafaro e il converso Fra Giovanni Loffredo, così don Achille si consacra a Dio:

«Nel nome della SS.ma Trinità, Padre, Figliuolo e Spirito Santo, io, sacerdote Achille Fosco, prostrato dinanzi a Dio onnipotente, pieno di fiducia nella sua grande bontà e Misericordia, alla presenza pure della Beatissima Vergine Maria, madre di Misericordia, dell'apostolo s. Pietro, di s. Gerardo a Maiella e di tutti i santi e angeli del cielo, faccio voto in perpetuo a Dio di povertà, castità e ubbidienza secondo le Costituzioni della nascente Congregazione dei Fratelli Misericordiosi, che pienamente conosco e conosco e con amore abbraccio, promettendo di osservarle con assoluta fedeltà, con tutto il fervore dell'animo mio, fino alla morte, anche con l'effusione del sangue se necessario. In questo stesso momento mi offro in olocausto a Dio misericordioso, in espiazione dei miei peccati, pel trionfo della Santa Chiesa, per la santificazione dei sacerdoti. Così Dio mi aiuti e la Madonna maternamente mi assista!»[91]

Leggiamo in che modo don Achille chiude il 1948.

«Un altro anno si chiude. E che anno per me benedetto perché il Signore mi ha sorretto in mezzo a tante dure prove e mi ha fatto uscire senza macchia dal fango che il demonio ha lanciato contro di me e la nostra associazione nella burrasca scatenatasi. Quanto soffro a posare certi ricordi sulla carta, specie se trattasi di persone costituite in autorità; ma i fatti li devo esporre secondo verità perché, secondo la divina sapienza, ciascuno è tenuto al buon nome, benché io non abbia potuto scusarmi liberamente con il mio vescovo, unico mio superiore,

[89] *Ibid.*, (9 ottobre 1948), p. 5.
[90] *Ibid.*, (11-12-13 ottobre 1948), p. 5.
[91] *Ibid.*, (1 ottobre 1948), p. 7.

perché era stato troppo influenzato e non seppe o non volle reagire, allorché fui accusato di non so quali difetti dinanzi a tutti i vescovi della Lucania il 3 novembre a Potenza. Ma su tutto cada una pietra sepolcrale, tutto sia per espiazione dei miei peccati e per mia umiliazione. L'anno muore e tu Signore lascia morire tutte le mie colpe commesse nel 1948, tutti i miei peccati commessi durante tutta la mia vita: fammi ardere solo per Te e non per i desideri della carne, del mondo, di satana. Sono tuo, tutto tuo: nulla ho, ma se posso disporre della mia volontà, la volontà mia sia la tua. Vivi tu in me; viva per il prossimo in me la pietà della madre tua perché io operi solo il bene e neppure involontariamente il male. Grazie o Dio sommo Bene, grazie per tutti i benefici che mi hai elargito in questo anno; e non sono pochi, semi nascosti, minuti, ma sempre semi che germoglieranno nella tua vigna. É la mezzanotte tra il 31 dicembre e il primo gennaio. Veglio e prego».[92]

Le Opere si consolidano sul Calvario. Tra il 1948 e il 1949 tra tutti gli stati del mondo conosciuto, si formano due blocchi contrapposti: quello occidentale che fa capo all'USA e quella orientale sotto l'egemonia URSS. Nascono le due Germanie e la cosiddetta guerra fredda. I due fenomeni internazionali generano da una parte la necessità di accogliere i connazionali esclusi dalle loro terre d'origine e dall'altra la difficoltà di capire il fenomeno. Infatti don Achille, essendo stato per due anni a Trieste (1940-42), aveva compreso la realtà sociale, civile e spirituale di quelle terre fino in fondo; i meridionali, invece, rimasti nelle loro case con le enormi difficoltà legate alla povertà, allo sbriciolamento del latifondo e all'analfabetismo, provavano un certo imbarazzo verso il nord Italia, secondo loro più progredito. Da due visioni culturali diverse nascono le difficoltà di dialogo tra don Achille e i vescovi lucani, tra le stesse aspiranti del nord e quelle del sud. É proprio la misericordia cristiana, vissuta da Fosco, e la sua lungimiranza, a sbloccare tutte le riserve e a fare in modo che il cammino intrapreso non si arresti. Il 7 febbraio del 1949, don Achille riceve la lettera del suo vescovo, in cui, in alcuni passaggi fondamentali, afferma testualmente:

«l'Italia settentrionale e centrale abbondano di istituti di beneficenza (...), l'Italia meridionale in genere e la Lucania in specie ha bisogno di orfanotrofi (...). Io concepisco la vostra pia Opera dei Misericordiosi come Opera diocesana o tutto al più regionale e come tale l'ho benedetta (...). Volerne fare un'opera nazionale è un sogno di fantasia malata e io non potrò benedirla».[93]

Ecco la preghiera di Fosco che ha tutto il sapore della assoluta fiducia:

«Oh Signore umiliami quanto tu vuoi, ma fa che sulle mie umiliazioni viva e cresca l'opera che credo sia tua, perché da te ispirata! Nient'altro ti chiedo oltre che tenermi forte nella fiducia in te e nella tua bontà misericordiosa...E pensare che il mio superiore è tanto buono, che lui mi ha voluto quaggiù, che lui mi ha carezzato a

---

[92] A. Fosco, *Diario* III, (31 dicembre 1948), p. 10,

[93] D. PETRONI, *Caro don Achille*, Venosa 7 febbraio 1949 in APIN. Lettera del vescovo a don Achille. Abbiamo tralasciato le parti che non interessano ai fini della presente biografia. Riportata in *Diario* III, pp. 11-12.

gettarmi nello spinoso cammino...ho bisogno di essere compreso specialmente da lui, per affrontare più serenamente le molteplici attività che l'Opera richiede da me, solo sacerdote oggi nell'Associazione».[94]

Quattro giorni dopo don Achille va a Potenza dal prefetto per definire gli ultimi atti amministrativi e anche per chiedere un aiuto finanziario per l'erigendo orfanotrofio. Il 2 marzo riceve un telegramma dal santo padre Pio XII che riportiamo integralmente: «Sua Santità confortata filiale omaggio ringrazia e benedice di cuore *Pia Associazione dei Misericordiosi.* Montini sostituto»[95]. É la risposta al telegramma inviato da don Achille in gennaio per dimostrare la fedeltà al Santo Padre e una forma di protesta per la persecuzione contro la Chiesa in Ungheria. Nello stesso mese don Achille si incontra con il suo vescovo, poi visita l'abate mons. Mauro De Caro per riuscire a incardinare il sacerdote Giovanni Chieppa come parroco a Pertosa.[96] Don Chieppa era frate cappuccino nella casa religiosa di Palermo, quando rimase colpito dal modestissimo tenore di vita di don Achille. Lo trovò *"con un letto e lo studio sotto una soffitta, in casa di Via Garibaldi, e un tavolo sgangherato"* sul quale scriveva. Appena lo vide, rimase talmente ammirato che decise di lasciare l'Ordine cappuccino e di unirsi a lui. Don Achille invita Chieppa a riflettere, ma lui si ostina. Nel frattempo mons. Quaremba chiede a Fosco di aprire un orfanotrofio a Tursi. Fosco risponde di sì, aggiungendo che dispone di un sacerdote che si è appena offerto di aiutarlo, ma dovrebbe essere aiutato per lasciare l'Ordine cappuccino. Mons. Quaremba assume informazioni su Chieppa presso il superiore dei Cappuccini ed ecco la risposta: «(...) nessun religioso è rimasto contento della sua presenza in convento e nemmeno egli è rimasto contento dei religiosi con cui ha vissuto».[97] Proprio per questo Chieppa riesce facilmente a ottenere la dispensa dal suo ordine e a farsi nominare dal vescovo collaboratore di Fosco. Fosco, che ha bisogno di aiuto per l'orfanotrofio, nel periodo in cui si assenta per malattia,[98] cade ingenuamente nella rete. Chieppa non aiuta Fosco nelle sue opere, semina zizzania tra i due vescovi Petroni e Quaremba, anche se il primo lo aiuta economicamente per tenerlo tranquillo. Si scaglia addirittura contro la comunità dei padri conventuali di Rionero. Trama con il Dirigente scolastico della scuola statale di Rionero per togliere a Fosco l'insegnamento di religione, coinvolge nelle sue richieste anche un arciprete, don Michele Di Sabato, che prende le sue difese. Infine minaccia Fosco di morte e chiede spropositate somme di denaro, avanzando particolari diritti. Il vescovo Petroni, stanco, si va orientando verso la sospensione a divinis di Chieppa. Tutta la vicenda, iniziata il 30 marzo del 1948 si avvia alla conclusione con una lettera del Superiore dei Conventuali di Rionero padre Vincenzo Garofalo, datata febbraio 1954. Il superiore scrive una relazione dettagliata e motivata al vescovo Petroni, enumerando e documentando tutte le malefatte

[94] A. Fosco, *Diario* III, p. 12, in "Note della Pia Associazione dei Misericordiosi" e collettore dei miei soliloqui, Rionero, 8 febbraio 1949, in APIN.
[95] A. Fosco, *Diario* III, p. 12, in APIN.
[96] *Ibid.*, p. 12, 2-9-18 marzo 1949, in APIN.
[97] *Pro Memoria nella vertenza tra p. A. Fosco e don Chieppa* (fascicolo a stampa di 17 pagine), p. 4. in APIN.
[98] A. Fosco, *Ringraziamento*, in *Vita e opere di p. A. F., dono a N. Iocco*, in "Il Misericordioso", 30 (1952), p. 3. Don Achille ringrazia il prof. dott. Pietro Marinelli che l'ha operato nell'ospedale civile di Lanciano al rene, dopo sette anni di indicibili sofferenze. Inoltre ringrazia l'arcivescovo mons. Migliorini che è andato a trovarlo per tre volte in ospedale.

di Chieppa e le offese arrecate a Fosco. In una riunione di tutto il clero della diocesi di Rapolla, presieduta dal vicario generale, mons. Antonio Chiaromonte, e notificata allo stesso vescovo Petroni, Chieppa è sbugiardato per tutto il suo operato nei confronti di don Achille Fosco, superiore generale e fondatore della pia Associazione dei Misericordiosi e dello stesso Achille Fosco frate minore conventuale,[99] da lui presentato sotto una luce falsa e poco onorevole. Il padre Garofalo riporta ancora gli addebiti che mons. Chiaromonte attribuisce a Chieppa con il preciso avvertimento che qualora non sospenda immediatamente le sue infondate accuse, lo sospenderà da vice parroco, dall'insegnamento di religione all'Avviamento e lo deferirà alla sacra Congregazione dei Religiosi. P. Vincenzo Garofalo conclude la sua lunga lettera confermando che, se Chieppa non smetterà con le sue false accuse a Fosco e ai Conventuali, lui porterà tutta la sua documentazione alla Sacra Congregazione. La vicenda si chiude con lettere di stima a Padre Achille.[100] Riportiamo per intero la lettera del padre provinciale manoscritta:

> «Curia provinciale dei frati minori conventuali della provincia francescana di Napoli detta dal Serafico Padre - Terra di lavoro giuridicamente riconosciuta con decreto reale l'11 agosto 1933 - s. Lorenzo Maggiore, via Tribunali, 316 Napoli, tel. 20448 Napoli 18 luglio 1954 Mio carissimo padre Achille e p. c. A p. Garofalo, finalmente ho potuto trovare qualche ora di calma nella mia vita di continui movimenti a leggere il promemoria circa la vertenza vostra con don Chieppa. Ho avuto alla fine un vivo palpito di gioia: la vostra figura ne esce brillante di un vero spirito di apostolato non solo una strigliata di una tempra di lottatore deciso e volitivo per il bene. La mia gioia poi è diventata la più intima e profonda nel vedere che padre Garofalo con lo sforzo enorme che ha dovuto esercitare nel suo spirito è stato all'altezza della missione affidata a lui da sue elette virtù. Ne ringrazio vivamente il Signore. Pochi giorni fa ho riunito il definitorio provinciale, nel quale abbiamo trattato, tutti con calma e profondità, i problemi di Rionero, il quale oggi non è alla periferia delle nostre preoccupazioni, ma ne occupa il centro. Mio caro Padre Achille, in ormai cinque anni di lavoro senza quartiere, senza riposo e direi per il valore esterno delle cere, senza pace qui in provincia si è creato un mondo nuovo con tutti i problemi e le ragioni intime costitutive nuove. É ormai un mese che ho molto limitato il mio girovagare, per poi affrontare un'intima collaborazione con i miei collaboratori per i tanti e tanti problemi che bisogna risolvere. Perciò se non si affrontano e non si risolvono tali problemi, il cammino resta inceppato, perplesso. Prego tanto il Signore che ci aiuti! Sarebbe stato bello, di una bellezza smagliante, se appena entrati in campo, i frati minori conventuali avessero alzato mura, avessero edificato padiglioni, avessero creato attrezzature, ma il Signore che ci ha creati nell'umiltà vuole che l'Opera che voi create col sangue, continui col sangue fin quando non arrivi il soffio vivificatore che tutto alza con la sua forza creatrice. Questo prospetto era nella mia mente di cui nella prima lettera parlavo di collaborazione all'Opera non assorbimento dell'Opera. La vostra generosità, il pulpito della Divina Provvidenza ha voluto non l'assorbimento, ma la responsabilità, prima che dei figli di san Francesco, di quello che uno dei suoi figli migliori aveva operato. Eccoci qua, caro Padre Achille, la provincia Terra di Lavoro è pronta ad ogni sacrificio perché le tracce incominciate da Cristo e dal Serafico Padre siano il vessillo della vostra Opera. Se vedete perciò incertezze, perplessità, queste non sono nell'intenzione della Provincia, ma solamente nelle contingenze di un momento difficile che attraversiamo. Unicamente per farla finita con don Chieppa ho proposto al vescovo nel mio incontro con lui a Salerno che volevo regalare centomila lire alla

[99] A. Fosco, *Diario* II, pp. 83-103. La sera del 24 dicembre 1953 don Achille riprende l'abito conventuale e torna ad essere padre Achille. La vicenda viene chiarita nel paragrafo successivo.
[100] *Promemoria stampata nella vertenza tra il p. Achille Fosco e don Giovanni Chieppa*, in APIN.

diocesi di Melfi. Pregavo però il vescovo che, per tutelare la pace del nostro lavoro si facesse rilasciare da don Chieppa un attestato che questi non ha nulla da pretendere né da don Achille, né dai Misericordiosi, né dai Frati Minori Conventuali. Attendo da S. E. un rigo di conferma in ordine a questo certificato. Tale mia azione è stata ratificata dal Definitorio. Ho scritto una lunga lettera a padre Bruni, vedete se gli potete dire una buona parola! Sarebbe un elemento adattissimo per Rionero. Aspetto una sua lettera con la quale si riconosce il suo torto e si affida a me per continuare con serenità ed amore la sua missione di religioso e di sacerdote. Da parte mia non ammetto privilegi né riguardi da parte di chicchessia. Abbiatevi il mio abbraccio fraterno. Aff.mo padre provinciale».[101]

Padre Achille è sempre molto chiaro e sintetico nelle poche pagine in cui parla di se stesso. In tre pagine a stampa racconta i motivi e la data in cui lasciò l'Ordine dei Frati conventuali e il giorno in cui vi rientrò. Riassumiamo la sua narrazione. Fin da quando era giovane studente, sentiva prepotente dentro di sè il desiderio di intraprendere nuove opere. Aveva sempre sognato la Spagna come campo di azione, per l'amore che gli aveva trasmesso per quella terra il suo primo Superiore, padre Pietro Balestra, nipote dell'arcivescovo di Cagliari, monsignor Balestra e perché i frati conventuali disponevano di un convento a Granollers (Barcellona) fin dal 1905.

«Quella casa, due volte bruciata e distrutta da anarchici e rossi, era rimasta ancora unica fino alla fine della guerra civile. Dal 4 febbraio al I agosto 1923 io fui a Granollers ed ebbi occasione di rafforzarmi nell'idea che lì potevo applicare le mie giovanili ed entusiastiche forze per la rinascita dell'Ordine nella Spagna, Ma fui richiamato in Assisi per dedicarmi ad altra missione: la stampa, in preparazione al grande centenario francescano del 1926. La vocazione per la Spagna, però, non si estinse, né abbandonata per sempre. Vi tornai nell'autunno del 1928 con questo programma: trovare un locale già costruito con vasto appezzamento di terreno da cui ricavare il necessario alla vita per un centinaio di aspiranti religiosi, essendovi a Granollers appena 4 padri, due già anziani e due giovani di salute cagionevole. A Tarrega, in provincia di Lerida, incontrai quanto cercavo: un monastero di nuova costruzione con circa un centinaio di vani, una chiesa con 17 altari e terreno attiguo della superficie di 80 ettari. Trattai l'acquisto con i proprietari residenti in Francia per poco più di 100.000 lire; stavo per firmare l'atto di compera, ma il demonio ci mise la coda all'ultima ora e vidi tutto sfumato. Con irrequietezza giovanile, *insalutato hospite*, lasciai la Spagna nel marzo 1929, avvisando con telegramma il rev.mo padre generale Alfonso Orlini, che pur tanto mi voleva bene, per dirgli che mi sarei fermato a Genova per attendere suoi ordini, ma deciso a lasciare l'Ordine. Fui ripreso pel modo precipitoso come lasciai la Spagna e durante i sei mesi che rimasi a Genova spesso scrivevo al Rev.mo padre Generale perché mi lasciasse passare al clero secolare o nei Cappuccini. Egli sempre a rispondermi: finché sarò generale io voi non sarete né prete né cappuccino. Durante l'estate di quell'anno 1929 il rev. mo padre Orlini si recò nella Polonia a visitare i nostri confratelli; nella sua assenza fungeva da vicario generale il rev.mo p. Procuratore dell'Ordine Francescano D'Ambrosio; a questi rivolsi la mia richiesta, e da questi ottenni quanto era nei miei desideri. Lasciai il convento di san Francesco d'Albaro in Genova alla fine di settembre 1929. Sullo scorcio di settembre 1952 tornai nella Spagna. A Torrega riabbracciai l'amministratore di quel monastero, sig. Moix Ramon, ripresi la pratica per comprare il fabbricato con metà del terreno attiguo 40 ettari per due milioni di lire da versare in cinque anni; fui accolto fraternamente dai Conventuali di Barcellona il cui superiore fu mio alunno; a Granollers una notte

[101] *Curia provinciale dei frati minori conventuali della provincia di Napoli*, 18 luglio 1954, in APIN.

riposai proprio in quella che fu la mia cella e visitai commosso alcuni luoghi di martirio dei sei confratelli uccisi dai rossi in compagnia di fr. Bonaventura Remon anch'egli fucilato, ma salvo e vegeto per miracolo».[102]

Don Achille, rimase sempre legato all'Ordine, anche quando era fuori, inviando giovani vocazioni, conservando lo spirito di povertà e apostolato, restando in comunione con i frati conventuali. In un articolo sul Misericordioso, descrive quale è il suo più grande tormento.

> «Essere incompreso, perseguitato, calunniato, deriso non mi tormenta più perché devo portare la croce sull'esempio di colui che s'immolò vittima innocente per le anime sul Calvario. Vorrei essere sempre unito a Dio e intanto gli affari temporali mi rubano del tempo per trattare acquisti di materiali, vigilare operai, vegliare per non essere imbrogliato in mezzo a tanta incoscienza, svolgere pratiche che la lungaggine burocratica trascina per anni: questo è un tormento, ma non il più grande. Avere la responsabilità morale e fisica di non poche creature raccolte dalla strada; spendere giornalmente circa ventimila lire per costruire, senza disporre di un centesimo di fissa rendita, anche questo è un peso, ma non il più grande. Dal Signore ho avuto forza e protezione misericordiosa e quindi non mi scoraggio anche se il cruccio mi percuote di ora in ora e spesso mi toglie il sonno. Volete conoscere la spina più profonda che quasi ogni giorno si conficca nel mio cuore? Volete sapere il mio grande tormento? Dovete sapere che quasi ogni giorno ricevo a voce o per iscritto domande per accogliere fanciulli poveri, derelitti, orfani; alle volte vedovi e vedove o tutori mi si presentano piangenti con queste infelici creature ricoperte appena di un cencio, con i piedi nudi, con gli stimoli della fame, con i germi di mali forse inguaribili. Vorrei in questa casa della Misericordia ricevere tutti e far loro gustare la soave paterna carità di Cristo di cui per sua bontà sono l'ultimo sacerdote ma non posso. Il respingere un povero per mancanza di locale chiudergli la porta e rigettarlo nella miseria in cui geme, questo è il mio più grande tormento. Trovarsi dinanzi a fanciulli orfani senza affetto e senza pane, senza casa e senza istruzione, è per me, sacerdote e uomo, il più grande tormento, soprattutto quando moneta a fiumi si getta per il vizio, per il lusso, la cultura».[103]

Padre Achille passa in rassegna tutte le spese del suo tempo, dal calcio al totocalcio, dal lusso al divertimento. Per lui la lotta sociale non ha senso. I sovvertitori si illudono di raggiungere la giustizia con l'odio, invece si raggiunge solo con l'amore. Non si può, secondo padre Achille, considerare la difesa dei diritti dei lavoratori disgiunta dalla difesa dei diritti dello Spirito, nella quale la personalità umana appare in tutta la sua bellezza. La divisione tra Chiesa e lavoro è simile alla divisione tra Cristo umile falegname e la pietra, aveva scritto in un suo articolo intitolato: La Chiesa e la lotta sociale.[104] Il 28 novembre del 1953 la Sacra Congregazione lo autorizza a rientrare nell'Ordine con un rescritto del 19 novembre 1953 n. 403/53, che viene eseguito dal padre Mansi vicario generale il 23 novembre dello stesso anno. Il 12 dicembre arriva a Rionero, proveniente da Napoli, il padre provinciale p. Vincenzo Garofalo e il 23 la Curia generalizia autorizza l'erezione canonica della

---

[102] A. Fosco, *Dio l'ha voluto. Perché e quando lasciai l'Ordine*, in *Diario* II, pp. 83-86; in "Il Misericordioso", 3(1951), pp.1-4, in APIN.
[103] A. Fosco, *Il mio più grande tormento*, in "Il Misericordioso", 10(1952), p.1; in *Vita e opere di P. A. Fosco*, in APIN.
[104] A. Fosco, in "Il Misericordioso" 6(1947), p. 5; in *Vita e opere di A. Fosco*, in APIN.

Comunità dei Minori Conventuali a Rionero. Il giorno successivo don Achille indossa nuovamente l'abito conventuale e riprende il nome di padre Achille. A Potenza, ripercorre la tappa del noviziato dal I giugno del 1954 fino all'8 dicembre del 1954, quando professa i voti solenni. Poi ritorna a Rionero per un saluto e lascia per ubbidienza la terra lucana. Nel 1956, il 20 febbraio, con don Angelo Brassini cede l'orfanotrofio di Rionero alla provincia napoletana dei frati conventuali.[105] Nel 1959, padre Achille racconta sul Misericordioso le fasi della sua avventura spirituale e dell'Opera a Rionero. Vi si era trasferito nel 1946 con due scopi precisi: «ministero sacerdotale nella Chiesa matrice (madre) e assistenza alla fanciullezza povera».[106] L'otto febbraio del 1947, in una modesta casetta presa in affitto, accolse il primo orfano, il 10 maggio accolse «un piccolo nucleo di signorine con l'intenzione di costituire una nuova congregazione femminile per esercitare le opere di misericordia».[107] Trascorso qualche anno, fu abbandonata la casetta e tutti passarono sul colle di san Francesco, nell'orfanotrofio che stava per sorgere. Dopo la consegna dell'orfanotrofio all'Ordine Conventuale, padre Achille torna diverse volte a Rionero, dove in un certo senso aveva lasciato il cuore. Trova l'orfanotrofio in ottime mani. Il superiore, padre Luigi Ricciardi con la sola carità mantiene 50 orfani, ha migliorato la tipografia, ha costruito una magnifica cappella, dormitori, locali accoglienti, con servizi igienici ampi e belli. La madre Francesca Semporini è stata l'artefice della grandiosa costruzione delle Misericordiose, canonicamente riconosciute dalla Chiesa.[108] Il numero delle Case religiose è aumentato. Ad una prima lettura, l'articolo rivela la gioia cristiana di Fosco per il progresso dell'Opera che lui stesso ha fondato, la riconoscenza allo Spirito che l'ha ispirata, il distacco dal successo di cui attribuisce il merito agli altri operatori[109].

1.9. La Malattia

Dopo aver sopportato per sette anni atroci coliche renali padre Achille decide di sottoporsi ad un intervento chirurgico, nonostante presenti qualche rischio. Ne è talmente convinto che, prima di entrare in ospedale, scrive il seguente testamento spirituale:

> «Testamento del sacerdote Achille Fosco. Ai Fratelli Misericordiosi e alle Sorelle Misericordiose, presenti, assenti e futuri. Rionero, note del 6 settembre 1951, vigilia della Natività della Vergine Maria, saluti e paterne benedizioni. Dopo aver sopportato per circa sette anni un male che mi ha prostrato e fiaccato quasi ogni giorno, male che mi toglie al lavoro le principali energie per attendere alle gravi responsabilità che Iddio ha voluto get-

[105] A. Fosco, *Diario* IV, p. 65.
[106] A. Fosco, *L'Opera a distanza di anni*, "Il Misericordioso", 3(1959), p.1; in *Vita e opere di P. A. Achille*, in APIN.
[107] *Ibidem.*
[108] A. Fosco, *L'Opera a distanza di anni*, in "Il Misericordioso", 3(1959), pp. 1.2 in *Vita e opere di P. Achille*, in APIN.
[109] *Ibidem.*

tare sulle mie povere spalle, alla vigilia di sottopormi ad una operazione chirurgica sempre procrastinata per non lasciare nella totale dedizione l'Opera nei primi passi di esistenza, scrivo questo Testamento. Scrivo più per aprire l'animo mio ai miei cari fratelli e alle mie dilette sorelle in Cristo, perché si sappia che io viva per loro, e se il Misericordioso padre Iddio per intercessione della tenerissima nostra Madre di Misericordia e per le preghiere di anime buone mi porterà in Paradiso, come spero, ma non merito per le tantissime mie colpe e per le numerose infedeltà alla grazia, più vivrò lassù per loro. Intanto fin d'ora accetto la vita se Dio vorrà conservarmela per dedicarla solo al suo Servizio nel programma intrapreso, come pure accetto volentieri la morte se verrà in conseguenza dell'operazione oppure in qualsiasi altro modo Dio vorrà darmela. Come sono vissuto, intendo morire in seno alla Chiesa Cattolica, nella totale dedizione e affezionata riverente ubbidienza al Vicario di Gesù Cristo. Sinceramente chiedo perdono a coloro che involontariamente avessi offeso, non edificato o scandalizzato, come con tutto il cuore perdono a quelli che mi offesero, mi calunniarono, mi lottarono con animo maligno, arrecandomi non pochi dolori. Ringrazio quanti mi vollero bene e mi aiutarono a fare un po' di bene. Sottopongo al giudizio della Santa Chiesa tutti i miei scritti, editi e inediti. Professo e proclamo che, solo per portare anime a Gesù Salvatore con la carità, mi posi nell'ardua impresa di dar vita alle nostre Congregazioni. Niente vanità personale. Che avrei potuto fare col pizzico della mia scienza e incapacità? Chi mi avrebbe potuto sostenere nelle non poche e gravi contrarietà avute negli anni passati? La Madonna delle Misericordie, per la quale fu mio primo pensiero ideare e far scolpire una nuova statua, è la Patrona nostra. Lavorare per Gesù, con Maria e in Maria questo fu il mio ideale e programma e questo sia pure il vostro scopo. Amate la povertà che fu tanto prediletta da Gesù e la Madonna. Nessuno detenga denaro in proprio. Ogni sforzo ed economia sia per reclutare e mantenere aspiranti religiosi, dalle molte vocazioni scaturirà un oceano di bene e le Congregazioni si pianteranno fino agli ultimi limiti del globo. Siate incessantemente puri nello spirito e nel corpo. La massima severità, il taglio senza Misericordia e immediato con chi portasse nelle nostre Case questo puzzo di Satana. Guai se lo spirito immondo entra nelle nostre Comunità. Vigilate su questa materia, invocate con fervore il soccorso della nostra Madre Immacolata. Chi è venuto e chi verrà nelle nostre congregazioni non abbia mire umane, ma divine: vesta il nostro abito, abbracci la nostra vita per diventare migliori, perfetti, santi per fare non la propria volontà ma quella di Dio, che si manifesta nel praticare fedelmente le Costituzioni e nell'obbedire ai Superiori. Gesù Cristo, nostro modello, obbedì fino alla morte e morte di croce e per questo Dio l'ha esaltato. L'obbedienza conduce il religioso al paradiso, non la propria volontà, l'obbedienza farà vivere e prosperare le nostre congregazioni. Quindi bisogna dominare il proprio io, aggiogare la propria volontà a quella dei superiori, delle Costituzioni e della Chiesa, incatenare e frenare il personale giudizio se non è quello dei superiori. Si trionfa sempre obbedendo. Fra tutti i fratelli, sacerdoti, coadiutori, e chierici, come pure fra tutte le sorelle regni la più santa fraternità, mai le amicizie e simpatie particolari e carnali. Bando sia dato alla superbia. Amate assai il silenzio che porta con sè lo spirito di raccoglimento e dell'unione con Dio. Fuggite il mondo, il conversare inutile con i secolari; con lo spirito del mondo si inaridisce ogni vita religiosa e il senso della devozione. Prediligete l'umiltà, anche se per obbedienza siete chiamati a comandare: quanto più si è umili, più si piace a Dio. In ogni evenienza, specie nelle necessità anche materiali, si abbia grande fiducia nella Provvidenza. Che Dio non è forse Padre Misericordioso e nostro Primo Economo? Perché ebbi un po' di confidenza in Lui, da Lui assistito e provveduto anche in casi disperati e senza un centesimo: *beatus qui operat in eo*, ci assicura il Salmista. Fuggite l'ozio che è veicolo di vizi e quindi di peccati: nei poveri, negli orfani vedete e servite Gesù Cristo in persona e questo vi conforterà in qualsiasi lavoro e sacrificio dovrete affrontare. Amate di amore sviscerato il Papa, amate e obbedite ai Vescovi, venerate i sacerdoti, rispettate tutte le Autorità, non scansate gli oneri imposti dalle giuste leggi dei governanti, rispettate e amate ed emulate tutti gli altri Istituti Religiosi; compatite e nascondete le miserie altrui, perdonate gli offensori e pregate piuttosto che si ravvedano e siano illuminati da Dio; mai disprezzate chi vi disprezza; difendetevi, quando necessario, ma senza spirito vendicativo; non portate innovazioni sostanziali alle Costituzioni se non volute dalla Chiesa o quando, e Dio lo voglia! si dovessero creare le Province. In questo caso i provinciali durino in caricala metà del tempo della carica del superiore generale, amovibili per giusti motivi, *ad nutum* del superiore generale ed eleggibili col voto deliberativo dei consiglieri generali. L'organizzazione nostra segna l'organizzazione gerarchica della Chiesa, *mutatis mutandis*. Una suprema accentratrice illuminata direzione assicura più controllo, più speditezza di soluzioni, più vitalità e organicità negli Istituti. Seguite le direttive della Chiesa, amate e sostenete la Chiesa anche se vi costasse versare il sangue. Ringrazio il buon Dio che mi donò la fede. La fede mi ha sempre sorretto e infuso coraggio e forza: non avrei potuto vivere ed agire senza di essa. Per la fede, che mi fece vivere con Dio sempre presente, si determinò la fondazione delle nostre congregazioni e la fiducia di affrontare spese ingenti senza possedere un soldo. Mi è bastata la fede per lavorare e operare. Non ho cercato miracoli e visioni. I miei sfoghi con Dio sono stati soprattutto nel silenzio e nelle tenebre della notte o dinanzi alle bellezze meravigliose della natura; dinanzi alle meraviglie delle cose create non sapevo se non lodare Dio ed elevarmi a Lui senza parlare. Vi raccomando infine di pregare spesso, non può ammettersi un religioso che non preghi, anche se fosse un mago dell'azione. Vi lascio la mia benedizione, vi invoco la pace del Cielo e vi scongiuro a molto pregare per la salvezza dell'anima mia. Il piccolo padre vostro sac. Achille Fosco».[110]

Subito dopo il Testamento padre Achille scrive un ultimo *Atto di protesta, di schiavitù e di preghiera alla misericordiosa Madre Divina Maria*. In esso chiede perdono e misericordia, perché possa stare prostrato ai suoi piedi, presso il trono di Dio. Affida a Lei l'Opera e si dichiara disponibile a fare sempre la sua volontà. Così conclude:

«O Maria, o Madre Mia, portami in cielo, ma se vuoi tardare l'ora della felicità, che ardentemente ti imploro, dammi forza per vivere di te, per farti amare da altri, per salvare le anime. Oh Maria sono tuo, fa di me quello che ti piace, ma salvami per la tua benignità e Misericordia; cancella dal libro della mia accusa i peccati della trascorsa mia vita. Fammi morire pronunziando il tuo dolce nome quale ultima mia parola, anche se non ti vedrò con gli occhi mortali in quel supremo ultimo istante, voglio che le labbra si suggellino col nome tuo Maria e con quello del Figlio tuo Gesù. Servo e schiavo della Madonna, sacerdote peccatore Achille Fosco».[111]

Cinque giorni dopo, l'11 settembre muore la cognata di padre Achille, Rosa Di Toro che era stata per lui una seconda mamma e lui stesso presiede il funerale a Lanciano. Il 20 settembre alle ore 9,45 presso l'ospedale civile di Lanciano gli viene asportato un rene con 16 calcoli. Lo opera il professore Pietro Marinelli e l'operazione riesce brillantemente. Infatti padre Achille, dopo quindici giorni torna a Rionero e dopo due mesi riprende tutte le sue attività. Pone le premesse per costruire la casa madre, si reca in visita alle case di Borgodale e Villarboit, predica nelle parrocchie, ritorna a

[110] A. Fosco, *Diario* II, pp. 87- 91. Diario cronologico fotocopiato e ricostruito sulla base di appunti sparsi scritti e lasciati da padre A. Fosco custoditi dalle Sorelle Misericordiose.
[111] *Ibidem.*

Rionero dove monsignor Domenico Petroni benedice la prima pietra della casa madre delle Sorelle Misericordiose e della tipografia.[112]

1.9.1 Gli ultimi anni di vita

Il quattro ottobre del 1953, durante la celebrazione della Messa, padre Achille aveva annunciato che ai fratelli misericordiosi sarebbero subentrati i conventuali e che gli aspiranti fratini sarebbero stati accettati dagli stessi conventuali. L'Opera solo in questo modo sarebbe senz'altro proseguita. Infatti il vescovo gli aveva consigliato di affidare l'Opera ad un Ordine religioso, come dono per tutta la Chiesa. Inoltre il provinciale dei Conventuali di Napoli, padre Francesco Maria Proto, già gli aveva risposto positivamente in questi termini:

> «Mio carissimo padre Fosco, sto seguendo la vostra opera da tanto tempo e con un certo inquieto desiderio di agganciarla a noi. Questa mattina ho applicato la s. Messa di ringraziamento al Signore per questo grande dono che ci fa. Da quattro anni stiamo lavorando sodo nel campo dell'assistenza sociale fino a fondare l'ente C. A. M. (Centro Assistenza Meridionale) che è un ente morale, creando un movimento di risanamento che solo l'occhio di Dio conosce e sa. Trovare una organizzazione efficiente come la vostra è una provvidenza di prim'ordine. Non mi preoccupo proprio del piccolo debito. É troppa poca cosa nei confronti dell'attivo e delle attività. Desidero che l'opera da voi creata continui ad essere presieduta e mandata avanti da voi, secondo le direttive che l'hanno fatta così ben fiorire, nonostante agganciata all'Ordine e al C. A. M. Lavorereno insieme per la gloria del Signore, dando permanenza e consistenza a ciò che vi costa tanti sacrifici».[113]

Padre Achille, soddisfatto per l'esito positivo, pensava di poter finalmente emettere un sospiro di sollievo. Invece, come detto, prima deve affrontare il ricovero ospedaliero e la difficile operazione, poi prosegue il cammino lungo la salita del Calvario. Infatti è perfino condannato a subire in silenzio un articolo diffamatorio dal giornale l'Unità di Torino, ma alla fine l'Opera risulta del tutto pulita. Proprio quel ragazzo, accusato di presunte brutture, scriverà una delle più belle testimonianze a dieci anni dalla morte di padre Achille. Così Fosco scrive nel suo diario:

> «Quanto costa fare del bene! Ma non mi abbatto e non mi abbatterò mai. Devo seguire la mia piccola Via Crucis e Dio sarà con chi soffre e viene umiliato perché vuole servire a Lui solo. La casa di s. Marco sta passando un calvario, ma credo che resisterà e che si affermerà per il bene dei poveri e per l'incremento del nostro Istituto».[114]

---

[112] Cf. *ibidem*.
[113] L. RICCIARDI, *I Minori Conventuali a Rionero*, in "Il Misericordioso", 10(1955), p. 1.
[114] A. Fosco, *Diario* II, p. 99.

Da un punto di vista generale, in quegli anni, l'Italia, pur se aveva superato il periodo peggiore, si andava preparando alla contestazione giovanile del 1968 e al cosiddetto autunno caldo dell'anno successivo. Invece a Rionero si operava. Aveva inizio la costruzione della casa delle Suore e l'erezione canonica da parte della sacra Congregazione dei Religiosi si andava concretizzando, certamente per meriti propri, ma anche per intervento del padre generale dei Conventuali.[115] Nei tre anni seguenti, Padre Achille prosegue l'evangelizzazione dovunque venga richiesta e sempre con lo stesso entusiasmo. Contemporaneamente visita le case delle suore misericordiose che lui ha fondato, mantiene relazioni con le suore del Verbo incarnato, il 29 novembre 1956 predica gli esercizi spirituali a 37 professande delle suore del Giglio in Assisi.[116] Il 25 marzo 1957, con obbedienza del padre generale, viene inserito nella provincia abruzzese d'origine ed entra a far parte della famiglia di Pescara, nella speranza di lasciare la provincia napoletana.[117] A maggio ritorna a Rionero per celebrare i dieci anni di fondazione dell'Opera e poi torna in sede. Il 5 novembre del 1957 viene trasferito a Cantalice come parroco della Madonna delle Grazie, dove trova la casa canonica "completamente nuda". Il mattino successivo, infatti, celebra la messa con la presenza di sole due donne e un chierichetto. Prova tre giorni di sollievo nel corso della permanenza a Cantalice, soltanto quando dal 21 al 23 settembre 1958 partecipa come parroco al sinodo dei sacerdoti, che si celebra a L'Aquila.[118] Nominato parroco di s. Pio delle Camere, il primo luglio 1959, vi resta fino al 30 giugno del 1961, poi si trasferisce a Civitaretenga, dove scopre la notizia di aver ricevuto il premio alla cultura dal Ministero dell'Interno. Spende la somma del premio per ristrutturare, e in parte ricostruire, la canonica di Civitarenga, ridotta in pessimo stato.[119] Successivamente viene trasferito prima a Chieti e poi a Castelvecchio Subequo. Nel dicembre del 1966 manda una commovente lettera circolare alle sorelle misericordiose. Ricorda i 20 trascorsi dalla fondazione dell'Istituto, tra tante prove, incomprensioni e defezioni, ma ora vive e prospera. Le suore operano in varie diocesi, fanno del bene, sono stimate e ben volute in tutte le mansioni che gestiscono. Ringrazia la madre Semporini e tutte le consorelle che l'hanno accettata come madre generale. Si scusa che da qualche anno non scrive lettere circolari e raccomanda l'amore all'Istituto, l'ubbidienza ai superiori, lo spirito di fede.[120] Il 1968 è a Corropoli, quale cappellano presso il preventorio. L'anno successivo ritorna nella famiglia di Silvi.[121] É del 6 febbraio del 1971 la sua ultima lettera che riportiamo integralmente.

> «Mie care figlie nel Signore, eccovi qualche mia notizia, dopo che con una cartolina risposi ai vostri auguri. Io sono veramente malato e ho più di un male, tanto che dico Messa in una cappellina preparatami, attigua alla mia stanza. Soffro di atroci dolori di sciatica e reumatismi agli arti inferiori e non posso recarmi neppure in

---

[115] *Ibidem.*
[116] *Ibid.*, p. 113.
[117] *Ibid.*, p. 115. Sarà affiliato definitivamente solo il 13 settembre del 1960.
[118] A. Fosco, *Diario* II, pp. 115-116, in APIN.
[119] *Ibid.*, p. 120, in APIN.
[120] A. Fosco, *Alle amate suore*, in APIN.
[121] A. Fosco, *Diario* II, pp. 124-132.

Chiesa. L'ultimo giorno dell'anno Settanta e i primi giorni di gennaio li ho passati di nuovo in ospedale, perché la prostata si era acutizzata e non potevo orinare. Che dolori! Mi si erano gonfiati i piedi, avevo perso l'appetito, non dormivo, e tanto poco come adesso, perché non si può dormire quando si è presi dal dolore. Pazienza e rassegnazione e sia tutto per scontare i miei peccati e alle mie infedeltà alle grazie del Signore. Offro in riparazione dei miei debiti dinanzi a Dio e offro un po' delle mie spine perché scendono abbondanti benedizioni sull'Istituto per il quale prego perché il Signore mandi molte vocazioni. Sono con me altri cinque padri e tutti mi vogliono un gran bene e mi assistono come mamme. Con quanto mio dispiacere non posso più viaggiare per rivedere voi e tutte le consorelle nelle altre case: la causa la comprenderete, sta nella malattia: pazienza e rassegnazione. Tenetemi presente nelle vostre preghiere, specialmente il 12 marzo venturo perché ricorre il 50° della mia ordinazione sacerdotale. Avevo intenzione di andare in Assisi dove mi ordinai presso la tomba di s. Francesco il 12-03-1921, ma devo rinunciarci. La celebrerò, spero il Signore mi dia la consolazione di arrivare a quel giorno, attorniato dai miei confratelli e da qualche nipote. E voi siate forti nella vocazione e lavorate con animo lieto, pensando che sarà proprio il Signore col premio della felicità eterna. Vi saluto e benedico proprio da padre. Umilissimo vostro padre».[122]

Il 17 ottobre 1971, padre Achille è ricoverato presso l'ospedale civile di Atri, in provincia di Teramo, assistito dal nipote Nicolò Iocco. É il giorno della beatificazione di padre Massimiliano Kolbe, compagno di studio per quattro anni Segue l'intera cerimonia attraverso la radio e poi consuma un pranzo a base di fagiolini e insalata. All'alba del giorno successivo, il 18 ottobre 1971, muore per insufficienza cardiovascolare e bronchite asmatica.[123] Da Fiesole, la madre generale delle suore missionarie francescane del Verbo Incarnato così scrive alle consorelle:

«Oggi, 19 ottobre, festa di s. Pietro d'Alcantara, è ritornato a Dio, dopo lunga e penosa malattia, sopportata da eroe e da santo, il molto reverendo padre Achille Fosco, dei minori conventuali. Uomo dotto, scrittore valente, religioso integerrimo, fondatore delle suore misericordiose. Ve lo presento per giustizia e riconoscenza. Lo incontrai alla serafica tomba del Padre s. Francesco d'Assisi, e da quel colloquio, ci legò un tempo di Dio e di fraternità. Egli fu il "misterioso inviato da Dio" alla mia anima, per gettare nel mare della Chiesa, la mia povera barca. Se siamo oggi quello che siamo è perché Lui, per primo, mi offrì il mezzo concreto d'inizio, chiamandoci con le tre prime: M. Paola, M. Magdala e sr Luisa, a lavorare nella sua Parrocchia, a Motta Filocastro in Calabria, che divenne, così, la nostra "culla"! Fu il fratello fedele e unico, che ci chiamò a Rivotorto d' Assisi per aiutarlo nel lavoro d'apostolato fra quella povera gente. Fu l'amico serafico che ci spinse all'acquisto di un piccolo terreno, vicino allo storico san Giovannuccio d'Assisi ove san Francesco si incontrò col beato frate Egidio, per farne poi il primo nostro conventino in quella terra benedetta. San Paolo dice: siate lettera di Dio, incisa nei cuori degli uomini! Ecco il perché di queste mie parole: perché si tramutino, per la vostra anima, in lettera del Signore. A questo fratello serafico, dunque, dobbiamo il primo passo, la prima Casa, la presenza in Assisi. Da ciò deve, doverosamente, scaturire la più sincera e ardente ricompensa in preghiera di suffragio e in ricordo indelebile. Durante la sua martoriata vita ebbe sempre un paterno pensiero per noi, augurandoci la più larga espansione e la genuina fedeltà allo spirito francescano. Ora dal cielo di gloria, meritata dal suo quotidia-

---

[122] A. Fosco, *Mie care figlie nel Signore*, (Testimonianze di Silvi Marina, 06-02-1971), in APIN.

[123] B. LUCIANI, *Lettera circolare ai confratelli prot. n. 75/71*, Provincia d'Abruzzo dei Frati Minori conventuali, Convento sant'Antonio di Pescara, 15 novembre 1971, in *Testimonianze*, in APIN.

no martirio fisico e spirituale, ci assisterà, ci coprirà di protezione, allontanando da noi ogni contaminazione e confusione spirituale».[124]

1.9.2 Testimonianze

Sono tante le testimonianze riportate a distanza e gelosamente conservate da Nicolò Iocco nel suo archivio privato. Scegliamo le più significative. Fin dal primo settembre 1948 il comandante dei vigili urbani di Rionero, che si professa un fedele ammiratore di don Achille, gli dedica una poesia di 28 versi e 7 strofe con rima due per due. Dopo aver ricordato la provenienza da Orsogna, sottolinea non solo l'amore di don Achille per gli orfani e i derelitti, ma anche la sua capacità di evangelizzazione per riportare a Dio i miscredenti.[125] Nel 1950, l'ingegner Giuseppe Catenacci parla della costruzione dell'orfanotrofio e dei trenta orfani che hanno già trovato stabile dimora in un'ala dell'edificio ancora da completare. Essi, dopo aver frequentato la scuola, collaborano gioiosi con i muratori e i manovali e intanto si preparano a imparare un mestiere. L'ingegnere parla di Fosco "come eroico sacerdote" e così conclude:

> «Il motto di don Fosco è "Carità vo gridando". A questo suo motto con cui ho visto inumidito il suo sguardo, rispondono, ormai da ogni parte del mondo e ancora dovranno rispondere, e più generosamente affinché la più alta opera di redenzione e di bene s'innalzi maestosa davanti al bel Vulture. Più bella la vedano dalla ferrovia che le passa accanto, solo a qualche metro di distanza, i treni in corsa come simbolo di una fede che con tenacia e amore compie veri miracoli sulla terra e sui fiori più belli e innocenti».[126]

Le altre appartengono al tempo dopo la morte. La prima è la storia commovente di un orfano diventato adulto, raccontata da lui stesso.

> «Padre Achille Fosco mendicante per amore. Vi racconto una storia meravigliosa, che sembra leggenda. Vi presento un predicatore del Vangelo, che sembra favola. Vi ricordo un volto singolare di povero che della povertà ne ha fatto l'ideale della sua vita. É un volto umano di Cristo che fa storia. É la storia di Padre Achille, frate, mendico per amore che mentre celebra la trascendenza del Dio del Vangelo, invita gli uomini a una operosità umanistica, socialmente impegnata, che porta alla promozione cristiana e alla elevazione morale dell'uomo debole. É la storia di un uomo, dalla salute incerta, ma dalla tempra forte, che senza paura e falso pudore, fa risuonare in alto il motivo dominante della sua vita: l'amore alla Madonna, al Cristo sofferente, al prossimo dolente, emarginato, oppresso, sfruttato. É la storia sensazionale di un cristiano, che non condivide le colpe della società opulenta, ma non divide la passione di Cristo da quella del fratello povero. Egli francescano, povero tra i poveri, dalla forte dinamica interiore, spende le sue energie in una carità socialmente operosa che libera il fratello dallo scarto sociale mentre con lui ne condivide le umili condizioni di vita. É la storia di un

[124] MADRE GIOVANNA DELLO S.S., *Testimonianze* (19 novembre 1971), in APIN.
[125] U. LIBUTTI, *A don Achille Fosco, Testimonianze* (1 settembre 1948), in APIN.
[126] G. CATENACCI, *Ad opera di un sacerdote abruzzese un orfanotrofio sta sorgendo a Rionero* (9 maggio 1950), in APIN.

credente, austero come un eremita, burbero nei modi, ma delicato nello spirito che, con cuore di fanciullo, a Dio attribuisce la Provvidenza, che regge tutto ciò che vede; nel silenzio e nella preghiera trascorre la sua vita cercando sempre la identità cristiana nel Cristo povero per conformarsi poi ai poveri cristi del suo tempo; per riconoscere il Cristo sofferente e umiliato nel volto dei fanciulli affamati, dei vecchi sofferenti, dei poveri bisognosi. É la storia drammatica di un disperato che invoca la luce perché da solo non riesce a vedere il senso della vita che trova nel fratello povero. Egli diventa così un povero che fa storia, che trasforma la povertà in poesia, la poesia in amore che gli fa gustare il sapore dell'eterno. É la storia di un volto che scuote l'animo incerto e turba l'ipocrita. Egli sempre si ribella alle costrizioni e alle finzioni; sempre sente il disagio per un mondo falso e opportunista. Spesso criticato e deriso dai suoi beneficati, segregato dai suoi superiori, incompreso e abbandonato dai suoi collaboratori ma sempre ostinatamente aperto ai fugaci spiragli della speranza per i veri valori dello spirito, sempre si ribella, sempre si rivolta e lotta mentre spesso sente il bisogno di sorridere alle avversità con la semplicità di un bambino. É la storia di un povero dai vestiti dimessi, dalle scarpe sdrucite dal tempo, che sotto le spoglie del povero logoro e affamato sa scoprire la nascosta grandezza di Dio, che coprendosi di debolezza e povertà si spoglia della maestà eterna, presentandosi in veste di fratello dell'uomo nel tempo umano. É la storia rivoluzionaria di un anticonformista che tenta di costruire un futuro sulle rovine di un passato inglorioso. É la storia incredibile di un uomo che cerca la pacificazione di animi ostili, che promuove il mutamento dei costumi degenerati da secoli di lassismo e di miseria. Per tutta la vita ha sentito il dramma dell'uomo asservito e vilipeso, sottratto alla immagine e somiglianza con Dio. Oggi la sua figura si ripresenta a noi in pensosa preoccupazione per i fratelli poveri, per il Cristo che sotto le spoglie di un povero cerca un tetto e un pane. Oggi, la sua eco, raccolta dalla luce che per tutta la vita ha cercato, lentamente è scivolata nel silenzio e attende nell'immensità un ricordo di pace. Corsico 22 aprile 1982, Giuseppe Maenza».[127]

Nella stessa data Maenza scrive un altro ricordo dal titolo: *La campana suona ancora*. Riportiamo anche questo per intero per la sua originalità e soprattutto per la profonda partecipazione emotiva di un ex ragazzo aiutato da padre Achille e, al tempo dello scritto, avanti negli anni.

«Ai piedi del Vulture, affacciata ad una finestra protesa sulla valle, con strana insolita armonia, la campana piange monotona la preghiera della sera. Il fratello dei poveri è volato a Dio. É un altro sole che scompare. É un altro giorno che muore, un altro buio che nasce. É un altro vento che sorge e soffiando gelido fra i cipressi del viale deserto sussurra la sua nenia, mentre come ombre e nubi fuggenti tra le croci portano all'anima il vuoto e la tristezza. La campana si lamenta e i suoi gemiti lentamente invadono la valle e si uniscono al pianto dell'orfano, alla desolazione del vecchio, allo sgomento di chi non ha pane. La tua campana, fratello, ondeggia dolcemente, intrecciando misteriose armonie tra terra e cielo, portando il tuo sorriso fra gli angeli, mentre io smarrito mi ritrovo pensando a te. La tua campana ripete la tua angoscia per i poveri e la tua voce riecheggia nella valle, mentre il mio egoismo mi assale e la paura mi prende e attonito guardo avanti per non pensare, per dimenticare, ma voltandomi indietro ti ritrovo ad accusarmi severo. La tua campana suona all'alba ogni giorno e fra i pensieri del tempo e i frastuoni del mondo tu ti dilegui; ma all'imbrunire, mentre la luce scende e la notte sale, ai rintocchi dell'Ave, tu ritorni al mio fianco per il solito appuntamento perché qualche bimbo piange ancora. Perché qualche fanciullo dai capelli bianchi, dalla barba lunga, dalle rughe sul viso guarda ancora il suo domani senza speranza. La tua campana, con amore, dolcemente sussurra la tua preghiera e ripete la tua ango-

[127] G. MAENZA, *Testimonianza su Achille Fosco* (22 aprile 1982), in APIN.

scia per chi non ha pane e nel mio intimo egoista risuona la tua voce. Così quando mi illudo che sei passato e sei lontano, davanti a me ti rivedo e colpevole mi ritrovo. La tua campana scandisce il tuo tempo eterno. Il mio orologio lentamente batte l'ora mentre il mio tempo finisce e la mia fredda luce dà i suoi ultimi ritocchi al mio giorno, intrecciando i suoi pochi raggi per riempire gli ultimi spazi vuoti del mio buio. Così, mentre la tua campana, invano, suona al mio spirito ostile che non sa capirti, che non vuole accettarti, io buio navigo sulla terra, mentre come tanti, anch'io resto al buio allo spegnersi del sole. La tua campana, cullandosi quasi per gioco, affacciata ad una finestra sospesa fra terra e cielo, parla ancora di te e sorridente racconta ai poveri la tua storia e la tua gioia. Parlerà ancora quando la terra si scolora e il cielo si fa triste, perché la tua voce non tace, sperando che un altro fratello sorga ancora e la tua storia si ripeta».[128]

La seconda ha per titolo: *Testimonianza della prof.ssa Anna Brenna Rosati per padre Achille Fosco:*

«Si è sempre convinti che i ricordi che risalgono all'infanzia siano appannati, vaghi o quanto meno deformati dall'immaginazione e dalla fantasia che hanno un ruolo così importante in questa prima età. Non è comunque così. Noi siamo di una generazione particolare; quella che non ha avuto giocattoli e leccornie, che sentito tanto spesso i mordi della fame, che forse troppo presto è divenuta partecipare della vita degli adulti e che non ha conosciuto la spensieratezza dell'infanzia. Non credo, quindi di sbagliare se dico di avere oggi, netta, precisa, veritiera, l'immagine di un uomo per tanti versi eccezionale: don Achille Fosco. Arrivò a Rionero nel 1947, in un periodo triste e difficile in cui le traversie della guerra ci avevano resi più egoisti, più chiusi nelle nostre necessità quotidiane e incerti del futuro. Don Achille era, invece, la generosità e l'altruismo che avevamo dimenticato. Piccolo, magro, in una tonaca lisa, e forse troppo ampia per lui, con delle lenti spesse che gli rendevano poco nitido lo sguardo e un po' socchiuse le palpebre; l'andatura svelta e sicura, il viso severo e poco disposto al sorriso. Lo si incontrava molto spesso per le vie del paese, ma difficilmente era solo: intorno a lui una schiera di bambini, di età diversa, dagli undici ai quindici anni. Tutti chiacchieravano con padre Achille e lo scrutavano, come se aspettassero, per ogni loro frase, il suo giudizio, la sua opinione. Non abbiamo mai saputo chi fossero quei ragazzi che padre Achille raccoglieva intorno a sè e che diventavano sempre più numerosi: erano cento bambini che in guerra erano stati infelici testimoni di chissà quali tragedie e che in padre Achille avevano trovato amore, protezione, serenità. Ricordo che abitavano tutti in una casetta un po' tetra e angusta in via Garibaldi. Poi passarono al rione s. Francesco ove cominciò a pigliare corpo la loro vera casa. Padre Achille era sempre lì, sporco di terra e di calcina: lavorava con i suoi ragazzi e trasportavano pietre e cemento in uno slancio di dedizione e di operosità. Nasceva così, in una zona ancora fuori dell'abitato, in piena campagna, quello che oggi è un vero quartiere, dominato dal severo Istituto dei Misericordiosi, con annessa una chiesetta e la prima tipografia di Rionero dove ebbe vita il giornalino "Il Misericordioso" diretto da don Achille. Quei ragazzi diventarono così nostri compagni della domenica: venivano a pranzare presso le famiglie rioneresi nei giorni di festa. Spesso furono anche compagni di scuola. Tra tutti, ricordo un certo Mangiagalli, molto ammiarato dagli amici. Il suo lavoro di tipografo l'aveva reso abilissimo nel leggere le parole da destra a sinistra in una incredibile velocità: un mostro di intelligenza. Oggi sono uomini i ragazzi di don Achille; sono forse tornati nei paesi e nelle città da dove la guerra li aveva bruscamente strappati ai loro affetti, alla loro vita, ma nell'animo di ciascuno di essi, come in noi tutti, non credo potrà mai annullarsi mai il ricordo di chi ha lasciato così pro-

[128] *Ibidem.*

fonda e viva testimonianza di un cristianesimo fatto di sacrificio umile, generoso, silenzioso, ma che non conosce ostacoli sul suo cammino: don Achille Fosco».[129]

Nel 1997, anniversario della fondazione dell'Istituto delle Sorelle Misericordiose e centenario della nascita di padre Achille, suor Gelsomina Orlando rilascia la testimonianza che segue:

«Conobbi padre Achille Fosco il 22 novembre 1949. La sua figura di padre e di uomo faceva un po' impressione e metteva una certa soggezione anche per la fama di uomo di cultura e di profonda spiritualità. Ero a Rionero in Vulture perché dovevo avere un incontro molto importante con la superiora delle Sorelle Misericordiose. L'attesa fu piuttosto lunga e alla fine, molto sbrigativamente, padre Achille mi disse: madre Francesca non c'è, vi faremo sapere noi qualcosa. Mi sentivo un po' confuso e un grande imbarazzo. Fui chiamata il 22 dicembre a Rionero in via Garibaldi, ove era la sede della pia associazione dei Misericordiosi e qui prospettai a padre Achille le mie intenzioni. Mi rimandò allora alla casa di via Vittorio Emanuele, ove le suore accudivano gli orfanelli più piccoli. Qui finalmente incontrai madre Francesca Semporini, la quale con grande affabilità mi disse: pregate molto, terminate i 15 sabati alla Madonna di Pompei e poi scriveteci. Devo confessare che me ne andai un pò scoraggiata per diversi motivi. A quei tempi era difficile spostarsi da Venosa a Rionero perché vi era una sola corsa della corriera che partiva alle sei di mattina da Venosa e ripartiva dallo spiazzale della stazione ferroviaria di Rionero alle ore 16 per Venosa. Tuttavia tenni fede alla richiesta fattami. Terminati i 15 sabati, continuai a partecipare alla santa messa quotidiana e mantenni la promessa. Scrissi verso il 15 luglio 1950 e la risposta non si fece attendere. Invece di rispondermi madre Francesca, mi rispose padre Achille, il quale mi comunicava che potevo presentarmi a Rionero il 22 luglio di sabato, in onore alla Vergine Maria. Fui perciò grandemente sorpresa quando vidi che mi aspettava padre Achille anziché madre Francesca. Il padre mi ricevette con un sorriso paterno e con un'accoglienza veramente ammirevole che mi misero subito a mio agio. Mi pose la mano sul capo e disse: "Verrà madre Francesca, troverà una tempesta." E mi fece entrare nella stanza interna. Evidentemente aveva intuito il mio carattere particolarmente vivace. Padre Achille di solito non entrava mai nella stanza di lavoro delle Suore, forse per delicatezza o per pudore, ma dal giorno del mio ingresso nell'Istituto si presentava tutti i giorni a mezzogiorno e quando mi accusavano di baldoria, lui mi guardava male, ma alla fin fine non proferiva parola. Padre Achille era un uomo di Dio. Praticava le virtù in modo eroico. E che dire poi della virtù della carità? Viveva in uno stato di estrema povertà. Rinunciava a tutto, fino a digiunare per mantenere i suoi poveri orfanelli. Era uomo di grande fede, di preghiera intensa, incisiva, trasparente, di infinita devozione verso la Madre Celeste, la Madonna delle Misericordia che ha voluto erigere a protettrice della sua opera di carità: chi lo avvicinava sentiva questa sua santità fatta di opere di bene per amore di Cristo. Seppe soffrire ed offrire le tante pene morali, materiali e fisiche con una forza e un coraggio che solo i santi sanno avere. La testimonianza più grande che io possa fare in merito alla dedizione di padre Achille verso la sua Opera si riferisce al suo ultimo desiderio: essere seppellito a Rionero per amore della carità agli altri e per amore di Cristo, quasi a voler assicurare dal cielo la sua paterna protezione alla crescita e alla diffusione nel mondo dell'Opera assistenziale ed altamente benefica delle sue tanto amate "Sorelle Misericordiose." Suor Gelsomina Orlando».[130]

---

[129] A. BRENNA ROSATI, *Testimonianza su Achille Fosco*, 28 aprile 1982, in APIN.

[130] G. ORLANDO, *Testimonianza di Suor Gelsomina Orlando*, 1997, in APIN.

1.9.3 La carità guarirà il mondo

Tutta la vita di Padre Achille si può riassumere sinteticamente in tre caratteristiche: 1 - la fede nel Cristo, che si articola nell'incontro con Lui, attraverso i poveri, i bambini orfani; 2 - l'evangelizzazione itinerante del dialogo, che spesso diventa inculturazione della fede; 3 - la personale testimonianza di povertà, castità e ubbidienza oltre gli stessi voti, nella comunione ecclesiale, nelle Opere, nelle numerose prove, fisiche e spirituali.

In un articolo del 1947, destinato al Misericordioso spiega che l'uomo ha innato il senso di amore e misericordia verso l'altro uomo bisognoso, ma se agisce per soddisfare la sua inclinazione è soltanto un filantropo. Invece, il dono della fede nel Maestro misericordioso "impone la vocazione all'apostolato, nella luce della verità e della misericordia di Gesù Cristo, che passò in mezzo agli uomini beneficando". La vita secondo il Vangelo, per padre Achille, non ha bisogno di fiumi di parole, ma di opere per costruire una terra che anticipi "la celestiale beatitudine". Fa espresso riferimento al Vangelo di Matteo, 25, 31-46.[131] Rivolge poi un'analisi attenta e meditata al suo tempo. Lo definisce un mondo stolto, corrotto, ma anche misero e affamato. Il cristiano, tra le due tentazioni di - rinchiudersi in se stesso nell'egoismo e nella corresponsabilità di un male peggiore, e - quella di sentirsi soddisfatto nella sola pratica dei doveri religiosi, deve scegliere la strada della propria responsabilità di fronte ai bisognosi. Nell'ora attuale non basta pregare. Poiché "la gravità del male odierno è che si è perduto il senso del peccato", il cristiano deve cooperare alla diffusione dello spirito di carità e a salvare dalla strada orfani, derelitti e poveri.[132] Infine l'elogio della carità. Parte dall'analisi che la guerra è stata una catastrofe, ha seminato piaghe non rimarginabili, ha diffuso disillusione, miseria morale e materiale, pessimismo e la rivolta delle folle. Si pone un inquietante interrogativo: "il mondo cadrà nella catastrofe finale o si rialzerà dalla caduta?" Ecco la risposta di padre Achille:

> «La carità guarirà il mondo, perché la potenza dell'amore cristiano si alimenta attraverso la fede. La fede non verrà meno ha assicurato Gesù Cristo, finché il mondo esiste. Perciò è necessario resistere nella fede (*1 Pt* 5,9), giacché l'avvenire appartiene a quelli che amano, ai vigorosi che fermamente sperano e agiscono. L'umanità risorgerà come Lazzaro dal sepolcro, perché Dio, nella sua immensa Misericordia non vuole la morte del peccatore. L'amore farà riabbracciare tutti gli uomini come fratelli e l'arcobaleno riapparirà, dopo la tempesta di sangue e di odio».[133]

Padre Achille visitò e risiedette nelle maggiori città italiane, nei piccoli centri e nei luoghi disagiati, evangelizzò per strada, nei tuguri e nei teatri per predicare l'amore di Cristo, ubbidire o

[131] A. Fosco, *La sorgente ispiratrice delle nostre Opere di misericordia*, in "Il Misericordioso", 2(1947), pp. 1-2.
[132] A. Fosco, *Doveri dell'ora presente*, in "Il Misericordioso", 2(1948), pp. 1-2.
[133] A. Fosco, *Potenza della carità*, in "Il Misericordioso", 4(1947), pp.1-2.
(Pio XII, discorso radiofonico, 02-06-1947).

servire. Preferisce i poveri e gli abbandonati, ma non disdegna di parlare con persone appartenenti a classi sociali elevate o addirittura con il massimo rappresentante in carica del governo di allora per mediare, facilitare rapporti e ottenere aiuti per i bisognosi. Fu frate francescano, amico di studi e di collegio per quattro anni di san Massimiliano Kolbe, ma anche parroco e pellegrino. Le testimonianze parlano di lui come uomo di Dio, povero per amore. Nelle Opere che realizza incontra difficoltà di ogni genere e proveniente da ogni parte, ma lui pratica molto bene l'arte della rinuncia e della sottomissione. Rimane sempre in comunione con la Chiesa, il papa, i vescovi locali e il suo ordine religioso, anche quando è fuori per pochi anni. Per lui il momento centrale della sua vita è la celebrazione della Messa, di cui annota puntualmente luoghi e altari nei diari. Padre Achille fu insegnante di periferia e degli ultimi, l'operatore instancabile e l'intellettuale che riuscì a inculturare il suo tempo e a illuminarlo con la luce della misericordia.

CAPITOLO SECONDO

SPIRITUALITÀ E MISSIONE DI P. ACHILLE FOSCO

INTRODUZIONE

Nel capitolo precedente abbiamo analizzato la biografia di p. Achille Fosco nel contesto storico-culturale dell'Italia. Passiamo ora ad approfondire la spiritualità e la missione di p. Achille. Sin dall'inizio costatiamo che «la spiritualità cristiana ha come suo carattere qualificante l'impegno del discepolo di conformarsi sempre più pienamente al suo Maestro (cf. *Rm* 8,29; *Fil* 3,10.21). L'effusione dello Spirito nel battesimo inserisce il credente come tralcio nella vite che è Cristo (cf. *Gv* 15,5), lo costituisce membro del suo mistico Corpo (cf. *1 Cor* 12,12; *Rm* 12,5). A questa unità iniziale, tuttavia, deve corrispondere un cammino di assimilazione crescente a Lui, che orienti sempre più il comportamento del discepolo secondo la 'logica' di Cristo: "Abbiate in voi gli stessi sentimenti che furono in Cristo Gesù" (Fil 2,5). Occorre, secondo le parole dell'Apostolo, "rivestirsi di Cristo" (cf. *Rm* 13,14; *Gal* 3,27)».[134]

Teniamo presente che p. Achille non ha mai scritto un manuale di teologia spirituale, questa è costantemente presente in tutti suoi scritti. Pertanto verranno analizzati i temi spirituali più rilevanti in Fosco per comprenderne il pensiero, il carattere, la specificità e la sua missione strettamente connessa al tema della misericordia. Indubbiamente la misericordia, come tema della teologia spirituale non può essere omesso. Il tema della misericordia, però, non può nemmeno trasformarsi in un discorso semplicemente sentimentale o devozionale (senza il vero contenuto), «pastorale o spirituale dolciastro»,[135] privo di ragione. Non possiamo dimenticare che tra spiritualità[136] e teologia esiste un

---

[134] GIOVANNI PAOLO II, *Rosarium virginis mariae*, LEV, Città del Vaticano 2002, p. 19.

[135] W. KASPER, *Misericordia - Concetto fondamentale del Vangelo*, Queriniana, Brescia 2013, p. 22.

[136] Nel *Dizionario enciclopedico di Spiritualità* sotto la voce "Spiritualità" troviamo le seguenti definizioni del concetto: «Il termine può avere i seguenti significati: la spiritualità è la qualità di ciò che è spirituale (per esempio di Dio, degli angeli, dell'anima umana, della Chiesa); è il sinonimo di pietà realmente posseduta (per esempio di un santo, anzi di chiunque ha rapporti di servizio con il *divinum*, anche se non è cristiano); è la scienza stessa che studia e insegna i principi e le pratiche dei quali si compone quella data reale pietà, quel dato servizio di Dio. In questo terzo caso il termine spiritualità equivale a quello di dottrina spirituale»: A. MATANIC, *Spiritualità*, in *Dizionario enciclopedico di spiritualità*, E. ANCILLI (a cura di), vol. III, Pontificio Istituto di Spiritualità del Teresianum, Città Nuova, Roma 1992, p. 2383. «Le definizioni, eccettuata la prima in cui spiritualità designa la natura spirituale in senso ontologico metafisico, s'implicano a vicenda»: A. SOLIGNAC, *Spiritualité, I. Le mot et l'histoire*, in *Dictionnaire de Spiritualité ascétique et mystique doctrine et histoire*, vol. XIV, Beauchesne, Paris 1990, pp. 1142-1160: cf. C. ABERNARD, *Traité de théologie spirituelle*, Paris 1986, pp. 51-64; L. BOUYER, *Introduction à la vie spirituelle. Précis de théologie ascétique et mystique*, Desclée Cie, Paris 1960.

nesso importante e fondamentale,[137] e che «coltivando una qualsiasi forma di spiritualità,[138] ispirata a qualsiasi valore, a prescindere da come e quanto quel valore ha inciso nella storia, collettiva e personale, vanifica alla radice il discorso della spiritualità autentica e autorizza a parlare in chiave negativa di spiritualismo».[139] In merito alla scelta dei temi in questo secondo capitolo, seguiremo alcuni temi più importanti proposti da p. Achille in base ai suoi scritti degli anni 1946-1971.

2.1. La spiritualità di p. Achille e l'amore misericordioso di Dio

La fiducia in Dio, la diffusione della "verità che Dio è Amore e Misericordia" e la dedicazione ad essa di tutti i pensieri, le parole e le opere, costituiscono un principio fondamentale della vita spirituale per p. Achille. Ecco perché egli scrive: «(...) affinché il Regno dell'Amore e della Misericordia del Sacratissimo Cuore di Gesù venga nel mondo, specialmente in questo secolo».[140] Alla luce delle parole di p. Achille, il compito fondamentale della vita cristiana è rinnovare tutte le cose in Dio Amore-Misericordia. Appunto, il primo motivo del rinnovo è nel trovare "il nuovo umanesimo" in Cristo, il secondo, per "costruire una nuova e più giusta civiltà dell'amore", il terzo, per far nascere una moderna cultura della misericordia, capace di accogliere e abbracciare tutti, in modo particolare gli orfani, gli abbandonati, gli emarginati, i sofferenti e i peccatori.[141] Purtroppo il peccato, nelle sue varie forme, ha reso gli uomini nemici di Dio. Solo la fiducia nella misericordia può ricondurli allo stato di grazia di figli di Dio. Tale condizione spirituale supera ogni benessere legato alla materia e al possesso di beni. Per p. Achille, però, è importante non solo la superiorità del *Regno* di *Cristo*, ma anche il rinnovamento spirituale di ogni uomo. La "spiritualità della misericordia", infatti, è designata da p. Achille come vocazione alla "santità". Infatti, usava dire molte volte

---

[137] Vale la pena porre l'accento particolare su un concetto, che una teologia senza spiritualità rischia di essere vuota, una spiritualità senza teologia rischia di essere cieca. Del resto lo stesso papa Francesco sottolinea nella *Evangelii Gaudium* n. 133: «Faccio appello ai teologi affinché compiano questo servizio come parte della missione salvifica della Chiesa»: Franciscus, *Evangelii gaudium - Esortazione apostolica*, [24 novembre 2013], in *AAS* 105(2013) 1076. «Oggi si sente, infatti, il bisogno di ritornare allo statuto originale fondante del fare teologia, che è quello di portare al pensiero l'esperienza del Mistero proclamato e quindi ascoltato e celebrato nella liturgia, vissuto e testimoniato nella fede e nella carità. Pertanto la teologia non è solo *docta fides*, cioè una *fides quaerens intellectum*, ma anche *docta caritas*, cioè è il portare alla parola il vissuto dell'amore, il dono della misericordia di Dio, che ci viene consegnato nella liturgia e nella Grazia dei sacramenti, ma che deve essere, poi, testimoniato nei gesti dell'eloquenza silenziosa della carità. Teologia e spiritualità così ritrovano il nesso fondamentale, che le costituisce reciprocamente come teologia e spiritualità cristiana»: B. Forte, *La teologia, scuola di umiltà contro il nichilismo*, in "Fedelmente" 1(2010), p. 250.

[138] Infatti, «la spiritualità precisamente tocca il nucleo centrale dell'esistenza umana: cioè la relazione con l'Assoluto. Questa relazione viene descritta in vario modo nelle tradizioni spirituali. Viene chiamata emanazione dall'Uno, creazione da parte del Dio totalmente buono; accoglimento nella Grazia; essere rivestiti della via dell'Amore; la via dell'illuminazione; la suprema Liberazione»: K. Waaijman, *La spiritualità - forme, fondamenti, metodi*, Queriniana, Brescia 2007, p. 7.

[139] T. Goffi, *Spiritualità*, in *Nuovo Dizionario di spiritualità*, S. De Fiores (a cura di), Paoline, Milano1989, pp. 1516-1519.

[140] A. Fosco, *Statuto dell'Associazione della Vittime Generose dell'Amore misericordioso di Dio*, I parte, in APIN, p. 410.

[141] Cf. N. Petrone, *Padre Achille Fosco* (1897-1971), Ed. S.E. Tip. OFFSET, Vercelli 1997, p. 54.

che «i santi formano i futuri santi».[142] Essa consiste "nell'essere predestinati ad accogliere un dono prezioso immeritato" e allo stesso tempo un invito all'itinerario continuo verso la santità. Infatti, solo Dio è santo (cf. *Is* 6, 1-5) e vuole che tutti partecipino alla sua santità (cf. *Lev* 19, 2). L'Apostolo Pietro, scrivendo alle prime comunità cristiane, dice: «Ad immagine del Santo che vi ha chiamati, diventate santi anche voi in tutta la vostra condotta, poiché sta scritto: Voi sarete santi, perché io sono santo» (*1Pt* 1, 15-16).

Vale la pena sottolineare che p. Achille, esercitando la paternità spirituale per molti anni, fedele testimone di Cristo misericordioso per i suoi "figli spirituali", e cioè parrocchiani, orfani, ragazzi, suore, seminaristi e frati, sollecitava instancabilmente alla conversione personale dicendo che «Gesù è l'unico tuo amore».[143] «In religione chi rinuncia alla santità, chi non aspira alla santità, rinuncia alla salvezza».[144] Per questo «bisogna seguire Gesù, quel Gesù che è e deve essere il supremo ideale della vita, quel Gesù che deve rimanere modello della nostra esistenza»[145], e che «le opere di misericordia sono il nostro cielo»,[146] «la misericordia invece, è il fiore della carità».[147]

Costatiamo che l'amore di Dio, prima di essere un amore *ad extra* (misericordia), è un amore eterno *ad intra*. L'amore eterno è la Trinità in sè. In altre parole, l'amore eterno di Dio è la relazione del silenzioso scambio tra il Padre e il Figlio nello Spirito Santo, e tra il Figlio e il Padre nello Spirito Santo. Infatti, lo scambio dell'amore divino si realizza costantemente nella Terza persona, che consente agli uomini "la vita nello Spirito", come vedremo più avanti. L'amore eterno di Dio, secondo la natura divina è comunione, dinamismo, effusione e creazione. Tanto è vero che possiamo trovare la prima prova dell'amore di Dio *ad extra* nella Bibbia, laddove riferendosi alla creazione, precisamente nel libro della Genesi, viene scritto: «Facciamo l'uomo a nostra immagine, a nostra somiglianza» (*Gn* 1,26).

Analizzando gli scritti di p. Achille, notiamo che la "spiritualità della misericordia" viene intesa come "vita secondo lo Spirito".[148] Egli spiega il concetto della "vita secondo lo Spirito Santo", con diverse espressioni tratti da san Paolo. Per esempio: "il vostro corpo è tempio dello Spirito", "camminate secondo lo Spirito", "lasciatavi guidare dallo Spirito", "viviamo dello Spirito" (cf. *1 Cor* 6,15.19-20), "l'uomo battezzato deve vivere come Cristo con le sue forze, animarsi del Suo Spirito"[149]. La vita condotta dal battezzato; il frutto e la crescita della grazia battesimale, inserita nel Mistero Pasquale e nella comunità cristiana; la vita vissuta nell'accoglienza reale e operativa delle mozioni, che lo Spirito suscita nel cuore del credente in Cristo; la vita segnata dalla diuturna *sequela Christi*, nell'obbedienza incondizionata al dettato evangelico; la vita caratterizzata da una relazione personale con Dio misericordioso, alimentata dalla duplice mensa della Parola e dell'Eucaristia,

---

[142] A. FOSCO, *Manuale delle vittime generose*, in APIN, p. 56.
[143] A. FOSCO, *I pensieri*, in C. BOVE (a cura di), *Sui sentieri dello Spirito*, San Paolo, Milano 2006, p. 74.
[144] *Ibid.*, p. 33.
[145] L. IOCCO (a cura di), *Padre Achille Fosco*, L.O. - Ind. Grafica, Atella (Pz), p. 33.
[146] *Ibidem.*
[147] A. FOSCO, *I pensieri*, p. 61.
[148] Cf. A. FOSCO, *Un dono d'amore*, G. Art., Brescia 2013, p. 21.
[149] *Ibid.*, p. 22.

sempre in ambito comunitario. Per questo possiamo leggere in p. Achille: «il Vangelo è il nostro sangue, la s. Messa è la nostra vita, il mondo delle anime è il nostro campo».[150]

Secondo il pensiero del religioso, la spiritualità è messa in opera dall'azione salvifica di Dio Amore-Misericordia nel Cristo per lo Spirito Santo, in ciascuno dei cristiani e nella comunità che è la Chiesa, tempio dello Spirito.[151]

> «L'opera dell'amore (Chiesa) farà riabbracciare gli uomini ritornati fratelli».[152] «Il Signore ha santificato la nostra natura umana per renderla partecipe della sua santità, e quindi darle la possibilità di imitare la sua vita. Per mezzo di Cristo, attraverso il ministero dell'incorporazione a Lui e i sacramenti, grazie a quanto Gesù fece per la salvezza dell'uomo, fino a farsi crocifiggere sul Golgota, si spiega la radice di ogni vita cristiana. Infatti, secondo l'espressione di san Paolo, l'uomo vecchio muore al peccato quando riceve il battesimo e si trasforma in membro di Gesù».[153] *Dio è amore* (cf. *Gv* 4,8). La mia vita è amare tutti i divini insegnamenti, sia interni, sia esterni che sono i movimenti d'amore. L'origine dell'amore è il seno di Dio e il Verbo di Dio, sublime parola dell'amore che Egli dice a Sè stesso. Se la bellezza e l'eccellenza del Figlio increato lo rapiscono, e provocano un movimento d'amore per il Padre, fa un simile movimento lo Spirito Santo – sospiro d'amore del Padre e del Figlio».[154]

Questa descrizione di spiritualità definisce come essenziale l'aspetto trinitario e soprattutto la presenza dello Spirito Santo "sospiro d'amore" tra il Padre e il Figlio. Tanto è vero che il sostantivo "spiritualità" e l'aggettivo "spirituale" richiamano alla mente la persona umana, nella quale c'è la presenza del dono dello Spirito del Padre e del Figlio. L'esistenza di tale persona è vita animata dallo Spirito e, nello stesso tempo, esperienza che dall'esistenza spirituale scaturisce, nonché il suo oggetto e contenuto. Di conseguenza la parola "spiritualità" significa il modo particolare con il quale ogni battezzato vive il suo rapporto con Dio per mezzo di Gesù Cristo, nel dono dello Spirito Santo; e tutto questo nella reale situazione in cui egli è posto dentro la comunità ecclesiale e la famiglia umana, dove opera, secondo la sua specifica vocazione, per la diffusione del regno di Dio e al servizio degli altri uomini, mettendo a loro disposizione le sue doti di natura e di grazia. Il termine «spiritualità indica pertanto l'autentica esistenza cristiana, la cui guida è lo Spirito Santo e la genuina esperienza o il genuino vissuto dell'uomo spirituale, inteso sia in generale sia nelle diverse modalità».[155]

Alla base della spiritualità di p. Achille Fosco si trova il mistero di "Dio Amore-Misericordia", che egli meditava nella parola di Dio e contemplava nella quotidianità della sua vita religiosa e sacerdotale. La conoscenza e la contemplazione del mistero della misericordia di Dio, infatti, sviluppavano in lui un atteggiamento di fiducia filiale in Dio e di misericordia verso il prossimo. Scriveva:

---

[150] A. FOSCO, *I pensieri*, in C. BOVE (a cura di), *Sui sentieri dello Spirito*, p. 48.
[151] Cf. A. FOSCO, *Statuto dell'Associazione della Vittime Generose dell'Amore misericordioso di Dio*, p. 410.
[152] A. FOSCO, *I pensieri*, p. 75.
[153] A. FOSCO, *Un dono d'amore*, pp. 20-21.
[154] A. FOSCO, *Statuto dell'Associazione della Vittime Generose dell'Amore misericordioso di Dio*, cap. V, p. 36.
[155] M. DUPUY, *Spiritualité, La notion de Spiritualité*, in *Dictionnaire de Spiritualité ascétique et mystique doctrine et histoire*, vol. XIV, Beauchesne, Paris 1990, pp. 1160-1173.

«Siate sempre misericordiosi e troverete un giorno misericordia a giudicarvi e non la severa giustizia divina».[156] «Misericordia: il significato etimologico della parola è precisamente: avere cuore per i miseri».[157] «Unico sia il binario (per i fratelli e le sorelle), cioè irradiare Cristo mediante le opere di misericordia».[158]

La spiritualità della misericordia infatti, deve poi tradursi in un vero e proprio apostolato, così da usufruire dei benefici promessi dal Signore a santa Faustina Kowalska:

«Non desistere dal diffondere la mia Misericordia; con ciò procurerai refrigerio al mio cuore che arde del fuoco della compassione per i peccatori. Di' ai miei sacerdoti che i peccatori induriti si inteneriranno, quando parleranno loro della mia Misericordia sconfinata e della compassione che nutro per loro. Ai sacerdoti che proclameranno ed esalteranno la mia Misericordia, darò una forza meravigliosa, unzione alle loro parole, e commuoverò i cuori ai quali parleranno».[159] «Le anime che diffondono la mia Misericordia, io le proteggo per tutta la vita, come una tenera madre protegge il suo bimbo ancora lattante; e nell'ora della morte non sarò per loro giudice, ma salvatore. Felice l'anima che durante la vita si è immersa nella sorgente della Misericordia, poiché la giustizia non la raggiungerà».[160]

Una di queste anime è il nostro p. Achille, il quale instancabilmente diffondeva la Misericordia del Signore, non solo attraverso la predicazione, le pubblicazioni, ma anche attraverso le opere. Per questo possiamo leggere in lui: «Unico sia il binario per i fratelli e le sorelle, irradiare Cristo mediante le opere di misericordia».[161] Per il religioso però, il messaggio messianico sulla misericordia conserva una particolare dimensione divino-umana.[162] Tanto è vero che «Cristo, quale compimento delle profezie messianiche, divenendo l'incarnazione dell'amore che si manifesta con particolare forza nei riguardi dei sofferenti, degli infelici e dei peccatori, rende presente e in questo modo rivela più pienamente il Padre, che è Dio "ricco di misericordia". Contemporaneamente, divenendo per gli uomini modello dell'amore misericordioso verso gli altri, Cristo proclama con i fatti, ancor più che con le parole, quell'appello alla misericordia, che è una delle componenti essenziali "dell'ethos del Vangelo"» (*DM* 3). Cristo, nel rivelare l'amore di Dio, esigeva dagli uomini che si facessero guidare nella loro vita dall'amore e dalla misericordia. Questa esigenza fa parte dell'essenza stessa del messaggio messianico e costituisce il mondo dell'*ethos* evangelico. Il Maestro lo esprime sia per mezzo del comandamento da Lui definito come "il più grande", sia in forma

[156] A. FOSCO, *I pensieri*, p. 29.
[157] *Ibid.*, p. 40.
[158] *Ibid.*, p. 43.
[159] F. KOWALSKA, *Diario*, LEV, Città del Vaticano 2004, p. 800.
[160] *Ibid.*, p. 604.
[161] L. IOCCO (a cura di), *Padre Achille Fosco*, p. 33.
[162] Cf. A. FOSCO, *Gesù misericordioso di Dio*, cap. V, p. 36; A. FOSCO, *Un dono d'amore*, pp. 20-21.

di benedizione, quando nel discorso della montagna proclama: «Beati i misericordiosi, perché troveranno misericordia» (*Mt* 5,7).[163]

La misericordia di Dio non deve essere separata dal suo amore e trattata come pietismo. Considerandolo sotto l'aspetto umano, quest'amore veniva spesso compreso come compassione, perché l'uomo cade spesso, commette il peccato. Da parte di Dio, invece, esso è amore autentico, perché l'amore verso l'umanità è stato costantemente misericordioso. Dio, infatti, fin dall'inizio vedeva quello che aveva fatto l'uomo e quello che gli sarebbe accaduto. Non ha desistito, però, dal suo amore primordiale. Aveva creato il mondo con l'idea che in esso il Figlio di Dio si sarebbe fatto uomo, perché l'uomo diventasse Dio (s. Ireneo). In questo modo l'amore misericordioso di Dio si è manifestato nell'opera della creazione e della salvezza, trasformando la colpa, che meritava la condanna, in "felice colpa" (*Exultet*). Ogni uomo viene concepito e nasce circondato dall'amore di Dio, che riversa su di lui la misericordia.[164] «Nel compimento escatologico invece, la misericordia si rivelerà come amore, mentre nella temporaneità, nella storia umana, che è insieme storia di peccato e di morte, l'amore deve rivelarsi soprattutto come misericordia ed anche attuarsi come tale. Il programma messianico di Cristo, programma di misericordia, diviene il programma del suo popolo, il programma della Chiesa. Al centro di questo sta sempre la croce, poiché in essa la rivelazione dell'amore misericordioso raggiunge il suo culmine» (*DM* 8). Infatti, in una delle riflessioni del religioso leggiamo: «La croce di Cristo è la nostra bandiera, la morte il nostro trionfo, Dio è il nostro Paradiso».[165]

La missione di p. Achille Fosco consiste nel ricordare una verità di fede da sempre conosciuta, ma forse dimenticata, riguardante la misericordia di Dio per l'uomo, le opere di misericordia, le cui pratica dovrebbe portare al rinnovamento della vita di fede. Ecco perché il papa Giovanni Paolo II diceva:

> «Quanto bisogno della misericordia di Dio ha il mondo di oggi! In tutti i continenti, dal profondo della sofferenza umana, sembra alzarsi l'invocazione della misericordia. Dove dominano l'odio e la sete di vendetta, dove la guerra porta il dolore e la morte degli innocenti, là è necessaria la grazia della misericordia, per placare le menti e i cuori, e per far scaturire la pace. Dove viene meno il rispetto per la vita e la dignità dell'uomo, è necessario l'amore misericordioso di Dio, alla cui luce si manifesta l'inesprimibile valore di ogni essere umano. Abbiamo bisogno della misericordia per far sì che ogni ingiustizia nel mondo trovi il suo termine nello splendore della verità».[166]

---

[163] Cf. GIOVANNI PAOLO II, *Pensieri sparsi - Coraggiosi nella verità generosi nell'amore*, Neri Pozza Editore, Vicenza 2002, p. 30.

[164] Cf. E. OZOROWSKI - Z. JARZĄBEK - E. BOBOWSKA, *I dialoghi sulla Misericordia Divina*, Ed. Wybór, Białystok 2007, p. 26.

[165] A. FOSCO, *Foglie sparse*, in L. IOCCO (a cura di), *Padre Achille Fosco*, pp. 34-35.

[166] GIOVANNI PAOLO II, *Il discorso sulla misericordia*, in G. CIONCHINI - R. TISOT - S. TOGNETTI, *Gesù confido in Te - Periodico per la coscienza e la contemplazione della Divina Misericordia*, Bimestrale n. 3 - Giugno - Luglio, ed. Shalom, Camerata Piacenza (AN) 2008, p. 17.

Possiamo dire che la missione di p. Achille ha carattere sia profetico, sia apostolico. Essa si esprime sia nella predicazione del Vangelo della misericordia, sia nell'azione, e cioè nelle opere di misericordia. La missione del religioso e tutte le sue opere, tra cui la fondazione della congregazione delle Sorelle Misericordiose, sono il frutto della contemplazione del mistero di Dio Amore-Misericordia. Pertanto le parole di p. Achille e la sua missione sono indissolubilmente tra loro connesse; si completano a vicenda. La sua attività apostolica consiste nella meditazione della infinita bontà di Dio e nelle opere di misericordia verso il prossimo, avvicinare e proclamare al mondo la verità rivelata nella Sacra Scrittura sull'amore misericordioso di Dio per ogni uomo. Per questo scriveva: «Ho una sola sete: Dio. La vera felicità è Dio, come la verità è Dio, l'amore è Dio. Egli è tutto ed io anelo al possedimento di questo tutto».[167]

2.2. La misericordia come itinerario di vita spirituale

Indubbiamente la misericordia come tema della teologia spirituale non può essere omesso.[168] Il tema della misericordia, però, non può nemmeno trasformarsi in un discorso semplicemente sentimentale o devozionale (senza il vero contenuto), «pastorale o spirituale dolciastro»,[169] privo di ragione. Teniamo presente che «coltivando una qualsiasi forma di spiritualità,[170] ispirata a qualsiasi valore, a prescindere da come e quanto quel valore ha inciso nella storia, collettiva e personale, vanifica alla radice il discorso della spiritualità autentica[171] e autorizza a parlare in chiave negativa di

---

[167] A. Fosco, *Foglie sparse*, in L. Iocco (a cura di), *Padre Achille Fosco*, p. 30.

[168] Vale la pena porre l'accento particolare su un concetto, che una teologia senza spiritualità rischia di essere vuota, una spiritualità senza teologia rischia di essere cieca. Del resto lo stesso papa Francesco sottolinea nella *Evangelii Gaudium* n. 133: «Faccio appello ai teologi affinché compiano questo servizio come parte della missione salvifica della Chiesa»: Franciscus, *Evangelii gaudium - Esortazione apostolica*, [24 novembre 2013], in *AAS* 105(2013) 1076. «Oggi si sente, infatti, il bisogno di ritornare allo statuto originale fondante del fare teologia, che è quello di portare al pensiero l'esperienza del Mistero proclamato e quindi ascoltato e celebrato nella liturgia, vissuto e testimoniato nella fede e nella carità. Pertanto la teologia non è solo *docta fides,* cioè una *fides quaerens intellectum*, ma anche *docta caritas*, cioè è il portare alla parola il vissuto dell'amore, il dono della misericordia di Dio, che ci viene consegnato nella liturgia e nella Grazia dei sacramenti, ma che deve essere, poi, testimoniato nei gesti dell'eloquenza silenziosa della carità. Teologia e spiritualità così ritrovano il nesso fondamentale, che le costituisce reciprocamente come teologia e spiritualità cristiana»: B. Forte, *La teologia, scuola di umiltà contro il nichilismo*, in "Fedelmente" 1(2010), p. 250.

[169] W. Kasper, *Misericordia*, p. 22.

[170] Infatti, «la spiritualità precisamente tocca il nucleo centrale dell'esistenza umana: cioè la relazione con l'Assoluto. Questa relazione viene descritta in vario modo nelle tradizioni spirituali. Viene chiamata emanazione dall'Uno, creazione da parte del Dio totalmente buono; accoglimento nella Grazia; essere rivestiti della via dell'Amore; la via dell'illuminazione; la suprema Liberazione»: K. Waaijman, *La spiritualità - forme, fondamenti, metodi*, Queriniana, Brescia 2007, p. 7.

[171] Nel *Dizionario enciclopedico di Spiritualità* sotto la voce "Spiritualità" troviamo le seguenti definizioni del concetto: «Il termine può avere i seguenti significati: la spiritualità è la qualità di ciò che è spirituale (per esempio di Dio, degli angeli, dell'anima umana, della Chiesa); è il sinonimo di pietà realmente posseduta (per esempio di un santo, anzi di chiunque ha rapporti di servizio con il *divinum*, anche se non è cristiano); è la scienza stessa che studia e insegna i principi e le pratiche dei quali si compone quella data reale pietà, quel dato servizio di Dio. In questo terzo caso il termine spiritualità equivale a quello di dottrina spirituale»: A. Matanic, *Spiritualità*, in *Dizionario enciclopedico di spiritualità*, E. Ancilli (a cura di), vol. III, Pontificio Istituto di Spiritualità del Teresianum, Città Nuova, Roma 1992, p. 2383. «Le definizioni, eccettuata la prima in cui spiritualità designa la natura spirituale in senso ontologico metafisico, s'implicano a vicenda»: A. Solignac, *Spiritualité, I. Le mot et l'histoire*, in *Dictionnaire de Spiritualité ascétique et*

spiritualismo».[172] Costatiamo che l'amore di Dio, prima di essere un amore *ad extra* (misericordia), è un amore eterno *ad intra*. Per questo p. Achille scrive:

> «l'Amore di Dio è immenso, infinito, non può essere misurato dall'occhio umano, dallo sguardo dell'anima. L'Essere - Amare condensò in qualche modo quest'Amore divino e lo rese visibile nel Cuore del Verbo Incarnato. Gli esseri creati hanno potuto vedere in questo Cuore creato per opera dello Spirito Santo, il Cuore adorabile e divino, la larghezza, la lunghezza, l'altezza e la profondità dell'Amore infinito».[173]

Possiamo ben notare che l'amore eterno è la Trinità in sè. In altre parole, l'amore eterno di Dio è la relazione del silenzioso scambio tra il Padre e il Figlio nello Spirito Santo, e tra il Figlio e il Padre nello Spirito Santo. Infatti, lo scambio dell'amore divino si realizza costantemente nella Terza persona, che consente agli uomini «la vita secondo lo Spirito».[174] L'amore eterno di Dio, secondo la natura divina è comunione, dinamismo, effusione e creazione. Tanto è vero che possiamo trovare la prima prova dell'amore di Dio *ad extra* nella Bibbia, laddove riferendosi alla creazione, precisamente nel libro della Genesi, viene scritto: «Facciamo l'uomo a nostra immagine, a nostra somiglianza» (*Gn* 1,26). Di fatto lo Spirito Santo, che rinnova l'incontrarsi salvifico di Gesù con ogni persona, vive nella persecuzione e nella Croce della Chiesa, trasformandola in speranza viva, facendo sperimentare ogni giorno i frutti della risurrezione.[175]

Secondo p. Achille, per comprendere la misericordia come itinerario spirituale è necessario riflettere sul tema della vita secondo lo Spirito presente nelle lettere di san Paolo ai Corinti e ai Galati (cf. *1 Cor* 6,15.19-20; *Gal* 5,16-25).[176] La fiducia totale Dio, la diffusione della "verità su Dio Amore-Misericordia" e la dedicazione ad essa di tutti i pensieri, le parole e le opere, costituiscono un principio fondamentale della vita spirituale per il religioso. Ecco perché egli scrive:

> «Purezza in tutto, che si ottiene attraverso l'ascesi da un appassionato amore per il Signore. Ma non basta: le azioni ordinarie della vita devono, in letizia, come inno di lode e di ringraziamento al Signore; soprattutto con uno spirito ardente di carità, di amare, perché Cristo amò - *Deus Caritas est*!».[177]

Alla luce delle parole di p. Achille, il compito fondamentale della vita cristiana è rinnovare tutte le cose in "Dio Carità". Appunto, il primo motivo del rinnovo sta nel trovare "il nuovo umanesimo" in Cristo, il secondo, per "costruire una nuova e più giusta civiltà dell'amore", il terzo, per far nascere una moderna cultura della misericordia, capace di accogliere e abbracciare tutti gli allonta-

---

mystique doctrine et histoire, vol. XIV, Beauchesne, Paris 1990, pp. 1142-1160: cf. C. ABERNARD, *Traité de théologie spirituelle*, Paris 1986, pp. 51-64; L. Bouyer, *Introduction à la vie spirituelle. Précis de théologie ascétique et mystique*, Desclée Cie, Paris 1960.

[172] T. GOFFI, *Spiritualità*, in *Nuovo Dizionario di spiritualità*, S. DE FIORES (a cura di), Paoline, Milano1989, pp. 1516-1519.

[173] A. FOSCO, *Gesù misericordioso di Dio*, cap. V, p. 38.

[174] A. FOSCO, *Un dono d'amore*, p. 21.

[175] Cf. L. IOCCO (a cura di), *Padre Achille Fosco*, p. 37.

[176] Cf. *ibid.*, pp. 21-22.

[177] A. FOSCO, *Un dono d'amore*, pp. 23-24.

nati sotto l'influsso dei nemici del Regno di Dio. Purtroppo il peccato, nelle sue varie forme, ha reso gli uomini nemici di Dio. Solo la fiducia nella misericordia può ricondurli allo stato di grazia di figli di Dio. Tale condizione spirituale supera ogni benessere legato alla materia e al possesso di beni.

La "spiritualità della misericordia", infatti, è designata da p. Achille come vocazione alla "santità". Essa consiste "nell'essere predestinati ad accogliere un dono prezioso immeritato" e allo stesso tempo un invito all'itinerario continuo verso la santità. Infatti, egli scrive:

> «Amare è sacrificare se stessi, preferire l'Amato a tutto. Amare vuol dire rinunciare alla propria volontà per quella del Diletto, è sacrificare le proprie concupiscenze e le proprie inclinazioni per fare quello che vuole il Signore. Cristo è morto per noi: espressione ultima del suo infinito amore per l'uomo, e chi vuole piacergli appieno ed essere santo deve amare fino a dare la propria vita per lui e per il prossimo. Questa è la vita tracciata da Gesù alle anime che vogliono seguirlo. E san Paolo insegna l'inno della carità che l'anima santa deve scogliere in un inno di opere e non di voce o di pietismo addolcinato».[178]

Possiamo notare che solo Dio è santo (cf. *Is* 6, 1-5) e vuole che tutti partecipino alla sua santità (cf. *Lev* 19, 2). L'Apostolo Pietro invece, scrivendo alle prime comunità cristiane, dice: «Ad immagine del Santo che vi ha chiamati, diventate santi anche voi in tutta la vostra condotta, poiché sta scritto: Voi sarete santi, perché io sono santo» (*1Pt* 1, 15-16).

Vale la pena sottolineare che p. Achille, esercitando la paternità spirituale per molti anni, fedele testimone di Cristo misericordioso per gli uomini, sollecitava instancabilmente i suoi "figli spirituali" alla conversione personale. In una riflessione leggiamo:

> «L'uomo, dunque, può comprendere, può vivere della vera concezione della vita quando rientra in sé stesso, raccoglie le voci del creato e non vela la pupilla dinanzi allo sfolgorio della luce. Ma se Dio parlasse? Se l'Autore della vita aprisse le pagine del libro umano, qual meriggio non risplenderebbe a diradare le oscurità del mistero?».[179] «La s. confessione ridà la vita morta dal peccato. Non virtù senza la lotta. La meditazione è il nostro riposo. La conversione dei peccatori è la nostra sete».[180]

2.3. Il cammino spirituale come sentiero dello Spirito

Esaminando attentamente gli scritti di p. Achille, troviamo una parte dedicata alla "luce nuova dello Spirito"[181], un'altra ad "un dono d'Amore"[182]. In essi, egli rileva la spiritualità che abbraccia elementi di tre grandi virtù teologali: fede, speranza e carità. P. Achille nota che la spiritua-

---

[178] A. Fosco, *Una vittima d'Amore*, in L. Iocco (a cura di), *Padre Achille Fosco*, p. 37.
[179] A. Fosco, *Perché la vita?*, Casa Ed. Francescana, Assisi 1928, p. 175.
[180] A. Fosco, *Foglie sparse*, pp. 34-35.
[181] Cf. A. Fosco, *Perché la vita?*, pp. 165-194.
[182] A. Fosco, *Un dono d'amore*, pp. 19-31.

lità deve avere «l'assillo della propria santificazione»[183] descritta come un processo in due direzioni. La prima direzione riguarda "la crescita interiore" di una persona pronta «all'offrirsi al Signore per la santificazione»[184] degli altri, la seconda, invece, riguarda "il frutto della vita interiore" di una persona, che si manifesta nella preghiera costante e in «ogni opera di misericordia spirituale e corporale».[185] Ecco perché la spiritualità cattolica ha sempre richiesto una "vita ascetica e di preghiera", in cui una guida spirituale e la "luce nuova dello Spirito Santo" aiutino a discernere la direzione dei singoli e delle comunità (cf. *1Ts* 5,19-22; *1Gv* 4,1). In una riflessione di p. Achille sulla vita secondo lo spirito leggiamo:

> «Quella del santo deve essere una vita senza peccato, pura, segnata dal sacrificio. Purezza in tutto, che si ottiene attraverso l'ascesi continua e la rinuncia a se stessi, sospinti da un appassionato amore per il Signore. Ma non basta: le azioni ordinarie della vita devono essere animate e compiute con spirto nuovo e gioioso, in letizia, come inno di lode e di ringraziamento al Signore; soprattutto con uno spirito ardente di carità e di amore».[186]

Dal testo appena riportato si desume che il cammino spirituale del cristiano, fondato sulla "spiritualità della misericordia", è finalizzato alla santità e alla crescita interiore. Per p. Achille, il vero protagonista del cammino spirituale è sempre lo Spirito Santo.[187] Il "protagonismo" dello Spirito è invisibile, nascosto, misterioso. Esso consiste nell'emergere pian piano alla coscienza del cristiano, pronta ad "abbracciare e a vivere la via dell'amore" nel modo più intenso. Solo così, il cristiano può percepire l'azione interiore dello "Spirito Santo che è Amore".[188] Lo Spirito, mediante la grazia, è il primo a "cristallizzare la fede" e a infondere la vita nuova. Essa consiste nel conoscere il Padre di misericordia e colui che Egli ha mandato, Gesù Cristo (cf. *Gv* 17,3). P. Achille dice che «il Verbo Divino è generato dall'Amore, Egli stesso si offrì pronto a pagare il debito del colpevole».[189]

Costatiamo che l'Antico Testamento annunciava esplicitamente il Padre delle misericordie, il Figlio, invece, in modo più "nascosto" e "misterioso". Infatti, il Nuovo Testamento ha manifestato pienamente il Figlio - il Verbo Divino, e ha aiutato ad intravvedere la terza Persona della Trinità – lo Spirito Santo. Secondo il pensiero di p. Achille Fosco, solo attraverso un cammino spirituale di avanzamento, d'approfondimento del mistero di Dio e di progresso guidato dallo Spirito Santo, permette agli uomini di diventare «un altro Cristo e a vivere secondo gli insegnamenti del Vangelo».[190]

In una meditazione di p. Achille sulla vita religiosa scritta per le suore, carica di esperienza umana e spirituale, leggiamo:

---

[183] A. FOSCO, *I pensieri*, p. 21.
[184] *Ibidem.*
[185] *Ibidem.*
[186] A. FOSCO, *Un dono d'amore*, pp. 23-24.
[187] Cf. *ibid.*, pp. 21-22.
[188] A. FOSCO, *Gesù misericordioso di Dio*, cap. V, p. 36.
[189] *Ibidem.*
[190] A. FOSCO, *Un dono d'amore*, p. 24.

«Carissime sorelle, mai dimentichiamo la ragione per cui abbiamo abbracciato la vita religiosa: salvarci l'anima, cioè santificarci. Santificandoci, gioveremo sempre ai nostri fratelli o con la preghiera o con la nostra immolazione o con opere di apostolato».[191]

Nell'itinerario spirituale proposto da p. Achille, "il vivere secondo lo Spirito", sta per indicare una particolare necessità dell'uomo nel vivere "con", "in" e "per" Dio di misericordia. "Il vivere secondo lo Spirito", vuole dire convertirsi tutti giorni e osservare la "Legge dell'amore". In tal modo l'uomo che vive secondo lo Spirito si riconosce creatura e, riconoscendosi tale, si sottomette volentieri alla "Legge dell'amore del Creatore". La creatura, pertanto s'impegna ad amare Dio di misericordia e ad evitare in modo più radicale il peccato. Non possiamo dimenticare però, che nella creatura c'è anche un'altra legge, quella che combatte contro la "Legge di Dio" e rende l'uomo schiavo della "legge del peccato" (cf. *Rm* 7, 22-24). Tanto è vero che dinanzi alla "legge del peccato", e cioè l'incapacità di osservare pienamente la "Legge dell'amore", nasce nel cuore umano il profondo desiderio d'essere aiutato da Dio che salva. In questo desiderio umano s'inserisce la voglia e la capacità d'essere più buoni, virtuosi, santi e soprattutto più misericordiosi. Ecco perché san Paolo, nella *Lettera ai Romani*, dice:

«Nel mio intimo acconsento alla legge di Dio, ma nelle mie membra vedo un'altra legge, che combatte contro la legge della mia ragione e mi rende schiavo della legge del peccato, che è nelle mie membra. Me infelice! Chi mi libererà da questo corpo di morte?» (*Rm* 7, 22-24).

Infatti, la liberazione dalla schiavitù del peccato, di cui parla l'apostolo Paolo, si può ottenere attraverso un cammino spirituale alla luce dello Spirito, lasciando spazio alla relazione personale con Cristo, perciò dice: «noi dobbiamo crescere in Cristo (...), la nostra vita dev'essere la stessa vita di Cristo».[192] Esattamente, tutti coloro che camminano secondo lo Spirito e rafforzano la relazione viva con il Signore, mediante la sua morte e la gloriosa risurrezione, vengono portati alla vera liberazione dai peccati. Gesù, «mite e umile di cuore» (*Mt* 11,29), chiama tutti gli uomini alla sequela delle sue orme, attraverso il cammino alla luce dello Spirito, la pratica delle virtù e delle opere dell'amore. Infatti, questo cammino è realizzabile solo se si praticano le virtù cristiane e le opere di misericordia. Con esse ognuno s'impegna ad amare Dio e il prossimo con "il cuore nuovo", e cioè non più "di pietra ma di carne". Tanto è vero che anche il profeta Ezechiele ne dà la conferma:

«Vi prenderò dalle nazioni, vi radunerò da ogni terra e vi condurrò sul vostro suolo. Vi aspergerò con acqua pura e sarete purificati; io vi purificherò da tutte le vostre impurità e da tutti i vostri idoli, vi darò un cuore nuovo, metterò dentro di voi uno spirito nuovo, toglierò da voi il cuore di pietra e vi darò un cuore di carne. Porrò il mio spirito dentro di voi e vi farò vivere secondo le mie leggi e vi farò osservare e mettere in pratica le mie norme» (*Ez* 36,24-27).

---

[191] A. FOSCO, *I pensieri*, p. 41.
[192] *Ibid.*, p. 42.

Alla luce di questa citazione biblica si desume che tutti gli uomini devono essere purificati con "l'acqua pura" - simbolo dello Spirito Santo. Secondo la promessa profetica, veniva donato agli uomini lo "spirito nuovo" e il "cuore nuovo". In altre parole, i "cuori di carne" stavano per diventare le dimore dello Spirito di Dio. Egli è colui che doveva guidare e aiutare gli uomini a vivere secondo l'osservanza delle nuove leggi e le norme basate sull'amore di Dio. Infatti, per questo il "cuore di pietra" doveva essere sottratto per sempre e trasformato nel tempio vivo dello Spirito Santo. Lo Spirito che è sempre lo stesso, oggi, ieri e per sempre. Colui che ha parlato attraverso i profeti dell'Antico Testamento e ha rafforzato la fede degli apostoli in Gesù Cristo nel Nuovo Testamento, Colui che agisce oggi nella Chiesa, illumina incessantemente il cammino spirituale e suscita tuttora la fede in Gesù Cristo. Perciò, «nessuno può dire che Gesù è il Signore, se non sotto l'azione dello Spirito Santo» (*1Cor* 12,3).[193]

2.4. La misericordia di Dio che diventa preghiera

Dopo aver esaminato la riflessione di p. Achille sul cammino spirituale, procediamo costatando che il tema della misericordia è congiunto al tema della preghiera. La preghiera umile e fiduciosa diventa indispensabile e necessaria per essere salvati. Per capire meglio e approfondire cosa intenda il p. Achille per preghiera, riportiamo un testo dove si dice:

> «Ebbene, noi vogliamo riparare, con l'offerta delle nostre preghiere e dei nostri sacrifici presso Dio, gli oltraggi che l'umanità incosciente scaglia contro questi rappresentanti del Cristo. Vogliamo aiutare tutti i sacerdoti nelle loro fatiche apostoliche, confortarli con le nostre preghiere nei loro isolamenti, vogliamo immolarci col Cristo che essi immolano, perché siano santi e santificatori di tutte le anime loro affidate».[194]

Dal brano citato si comprende che il continuo desiderio di riparazione per i peccati degli uomini, unito alla preghiera, diventa la missione e l'implorazione costanze della misericordia. La preghiera si trasforma nel dialogo intimo con Cristo - l'unica salvezza delle anime, rappresentato dai sacerdoti. In p. Achille pregare non significa ripetere parole, ma amare costantemente e concretamente. Ecco perché scrive alle suore: «unico sia il vostro binario, cioè irradiare Cristo mediante le opere di misericordia. Siate sempre unite (...) e pregate sempre».[195] Effettivamente, è Gesù stesso che ha presentato il modello di preghiera, consegnando il *Padre Nostro*, autentico "atto di amore verso il Padre misericordioso" e concreto verso il prossimo. Osserviamo che la preghiera del *Padre Nostro* è composto di sette domande di amore, in realtà sono sette le motivazioni del "donarsi" a

---

193 G. LYDEK, *La misericordia di Dio nella teologia e nella spiritualità del beato Michele Sopoćko*, SIGRAF, Pescara 2016, pp. 242-243.
194 A. FOSCO, *I pensieri*, p. 22.
195 *Ibid.*, p. 43.

Dio Amore-Misericordia e dell'"amare il prossimo". Infatti, la preghiera è come un amore concreto. Se non è tale diventa un'illusione o un inganno. La preghiera non può cessare, perché l'amore non finisce mai e ha sempre nuove intuizioni. Quello che l'uomo intuisce oggi, domani ha bisogno di una maturazione ulteriore e quello che si raggiunge domani prepara il cammino per dopodomani. Il cammino spirituale non può privarsi della preghiera che è anche l'opera della misericordia. Tanto è vero che la misericordia necessita di essere alimentata dalla preghiera. D'altra parte con la preghiera stessa, che è indispensabile per ogni cristiano, si ottiene la misericordia di Dio. Perciò p. Achille scrive:

> «Pregate incessantemente e offrite i sacrifici con animo generoso a Dio, usando bontà e somma educazione.[196] Le nostre gradite preghiere e i sacrifici salvano tante anime dei nostri fratelli, facendo risplendere ai loro occhi la luce della verità e ai loro cuori la dolcezza del sant'Amore misericordioso».[197]

Da questa citazione menzionata si desume che più si ama la preghiera, più si sente il bisogno di ottenere il dono della misericordia. Pregare Dio con il cuore è lasciarsi liberare dalla schiavitù dei peccati, trasformandoli dall'infinita misericordia. Più la preghiera diventa indispensabile, più si aprono gli orizzonti per i giusti e per i peccatori nel ricevere la grazia del perdono di Dio. La preghiera continua di una persona che soffre, invece, acquisisce un grande "valore agli occhi di Dio". Questo tipo di preghiera fa scendere la "tenda della misericordia" sugli altri e diventa come un "servizio a Dio". Infatti, in una meditazione di p. Achille sulla preghiera leggiamo:

> «Lo Spirito Santo suscita nella chiesa anime che Egli destina a questo apostolato di preghiera e di sacrificio, dopo averle prevenute con grazia del tutto speciale: sono le vere anime riparatrici».[198]

Secondo tali parole il "servizio della preghiera", come l'ufficio espiatorio e l'olocausto, fa "risuonare la potenza" straordinaria dello Spirito Santo, aprendo un passaggio, quello dalla "natura alla sopra-natura". Costatiamo che questo modo di pregare è presente nella lunga preghiera sacerdotale di Gesù, recitata nell'ultima cena. Essa è di alto livello e irradia particolarmente la misericordia su tutta l'umanità. L'esempio della preghiera sacerdotale di Gesù insegna a sfondare gli orizzonti dell'amore di Dio e a riversare su tutta l'umanità la misericordia. Esattamente, come scrive san Paolo: «Dio sia tutto in tutti» (*1Cor* 15,28). Per questo, la preghiera accompagnata dalla carità, dovrebbe giungere al tutto e coinvolgere tutti.

---

[196] *Ibid.*, p. 307.
[197] A. FOSCO, *Vittima imitabile*, cap. IV, p. 33.
[198] A. FOSCO, *Dottrina*, cap. I, p. 27.

2.5. GESÙ MISERICORDIOSO

L'immagine di Gesù Misericordioso, p. Achille, in qualche modo l'ha conosciuta, amata e venerata. Essa è proposta nella forma di un dipinto, nella quale si può contemplare il volto del Padre misericordioso manifestato nel Figlio - il Verbo incarnato. Grazie al beato don Michele Sopoćko, confessore di santa Faustina Kowalska, l'opera di questo ritratto fu realizzata da un artista polacco di Wilno, il maestro Eugenio Kazimirowski.

L'immagine di Gesù Misericordioso, secondo una visione del 22 febbraio 1931 di santa Faustina, che vide il Signore vestito di bianco con una mano alzata per benedire e l'altra sul petto, da cui uscivano due grandi raggi, uno rosso e l'altro bianco, contiene le sette dimensioni della misericordia necessarie per un avvicimento più completo al mistero di Dio: il cuore trafitto (la salvezza dell'umanità dalla morte spirituale), gli occhi verso il basso (lo sguardo di Cristo dalla croce che rapresenta la profondità di vita interiore e l'importanza dell'umiltà in tutte le cose), la mano destra (essa non condanna nessuno, ma benedice e chiama alla conversione del cuore), due raggi (rapresentano i sacramenti della Chiesa), le cinque piaghe (i segni della passione), lo sfondo buio (rapresenta il buio della vita di ogni uomo e il limite della ragione che ha bisogno di essere illuminata dalla luce divina), lo scritto sottostante *Gesù confido in te!* (la fiducia totale in Dio in ogni cosa, ricerca e vera conoscenza di Dio). L'immagine, poi, di Gesù risorto dà la corretta immagine di Dio Padre, facendo il secondo ed ultimo passo nei tentativi della chiamata alla conversione del cuore, nel tempo della misericordia (tempo dello Spirito Santo, cioè della Chiesa): Nel *Diario* di santa Faustina leggiamo:

> «La sera, stando nella mia cameretta, vidi il Signore Gesù vestito di una veste bianca: una mano alzata per benedire, mentre l'altra toccava sul petto la veste che, ivi leggermente scostata, lasciava uscire due grandi raggi, rosso l'uno e l'altro pallido. Dopo un istante, Gesù mi disse: *Dipingi un'immagine secondo il modello che vedi, con sotto scritto: Gesù, confido in Te! Desidero che questa immagine venga venerata prima nella vostra cappella, e poi nel mondo intero*».[199]

L'immagine contiene un preciso significato teologico e uno specifico valore simbolico: rappresenta il Cristo risorto con i segni della crocifissione nelle mani e nei piedi, mentre è nell'atto di benedire o assolvere. Oggi, quest'opera è molto diffusa, Essa è una forte ispirazione per vivere una vita spirituale più profonda e più intima con il Signore.

A padre Achille fu molto cara l'immagine di Gesù Misericordioso. Essa, per lui, mostrava Gesù che senza posa va incontro ai peccatori pentiti, portando loro i frutti della sua salvifica Passione. L'immagine ricorda che proprio Gesù Misericordioso è colui che agisce fine alla fine della sto-

[199] F. Kowalska, *Diario*, pp. 74-75.

ria di ogni singola persona e di tutta l'umanità. Essa ricorda proprio che la Croce è anche la porta alla vita eterna.[200] Nel *Diario* di suor Faustina, troviamo la seguente visione:

> «Io porgo agli uomini il recipiente con il quale devono venire ad attingere le grazie alla sorgente della misericordia. Il recipiente è quest'immagine con la scritta: Gesù confido in te! Scrivi queste parole, figlia mia, parla al mondo della mia misericordia. Questo è un segno per gli ultimi tempi, dopo i quali arriverà il giorno della giustizia. Figlia mia, di' al genere umano sofferente che si stringa alla Misericordia del mio Cuore ed Io lo colmerò di pace. La piaga del mio Cuore è la sorgente della Misericordia senza limiti».[201]

La visione avuta dalla santa sui due raggi, uno rosso e l'altro pallido, scaturiti dal Cuore di Gesù, troviamo nel Vangelo di san Giovanni dove si legge molto chiaramente come il cuore di Cristo venne trafitto e come da esso fuoriuscirono il sangue e l'acqua (cf. *Gv* 19,34). Essi stanno a significare il sangue e l'acqua sgorgati dal suo petto aperto dalla lancia sulla Croce, sono l'*acqua* che "giustifica" le anime con il Battesimo ed il *sangue* che è vita per l'anima, l'Eucaristia. In questo contesto trova il suo posto anche la parola chiave "sete", in quanto, mentre l'acqua terrena lascia di nuovo sete, l'acqua di Gesù acquieta la sete per sempre: *Chi ha sete venga a me e beva. Colui che ha fede in me*; così la sete del credente viene calmata sempre (cf. *Gv* 7,37).

L'apertura del cuore sta ad indicare il dono, per l'uso pubblico, di quanto di più personale ed intimo Gesù ha; lo spazio aperto, svuotato, può essere accessibile a tutti. Inoltre, occorreva dare la dimostrazione ufficiale che la separazione della carne e del sangue (come presupposto della forma del banchetto eucaristico) era avvenuto fino in fondo. Il (nuovo) tempio come pure la nuova sorgente, aperta a chi vuole attingere ad essa, rinviano alla comunità: il corpo donato è il luogo della nuova fondazione del patto, della nuova convocazione della comunità: spazio, altare, sacrificio, banchetto, comunità e Spirito nello stesso tempo.[202]

Posiamo dire che una delle più grandi manifestazioni della Misericordia di Dio nella storia è la Sua pazienza nei confronti di coloro che perdono la speranza, peccando di sfiducia. Dio non si stanca mai di perdonare gli uomini. Egli non si affretta mai a condannare i peccatori, ma aspetta sempre il loro ritorno. Infatti, in una riflessione di p. Achille, leggiamo: «Gesù ama i peccatori! Il Suo amore ha fatto discendere dal cielo per loro. Egli è venuto sulla terra a lavorare, soffrire e morire nel dolore».[203] Per questo, Gesù Misericordioso con grande tenerezza ha chiesto a santa Faustina di trasmettere agli uomini questo consiglio: «Di all'umanità sofferente, che si stringa al Mio Cuore Misericordioso e Io la colmerò di pace».[204]

---

[200] Cf. A. FOSCO, *Gesù Misericordioso*, cap. V, pp. 36-37.
[201] F. Kowalska, *Diario*, p. 248.
[202] G. LYDEK, *Il mistero di Gesù Cristo Misericordioso in santa Faustina Kowalska*, SIGRAF, Pescara 2016, pp. 31-32.
[203] A. FOSCO, *Gesù Misericordioso*, cap. V, p. 37.
[204] F. Kowalska, *Diario*, p. 742.

2.6. Madre di misericordia - modello perfetto della Chiesa

Per completare il pensiero di p. Achille sulla Chiesa, è necessario prendere in considerazione anche il tema della misericordia in Maria. Il titolo "Madre di misericordia" è intimamente connesso al ruolo della maternità divina, tanto caro ed importante per p. Achille. In esso troviamo un profondo significato teologico, poiché «esprime la particolare preparazione dell'anima di Maria e di tutta la sua personalità e la sua missione. Ella sa vedere, attraverso i complessi avvenimenti di Israele prima, di ogni uomo e dell'umanità intera poi, quella misericordia di cui di *generazione in generazione* si diviene partecipi dell'eterno disegno della SS. ma Trinità» (*DM* 9).

Il concetto di misericordia è densamente biblico, perciò si riferisce ai "sentimenti" di Dio nella sua realtà di Padre. È la modulazione dell'amore divino nelle sue espressioni di bontà, di compassione, di benevolenza e di clemenza, intesa principalmente come testimonianza della sua fedeltà all'alleanza, il patto perenne di amore con l'uomo, dal Sinai alla *parusia*. Secondo la Bibbia, Dio coniuga l'amore, non con le manifestazioni emotive di tipo antropomorfico, ma con gesti concreti e circostanziali, con interventi salvifici.[205]

L'intervento salvifico di Dio, possiamo affermare, ebbe inizio proprio in Maria di Nazaret, la quale diventa il singolare oggetto e testimone della misericordia. Infatti, «nel cantico del *Magnificat*, lei offre la vera chiave di lettura del significato storico-salvifico della benevolenza di Dio e indica, nel contempo, quale sia l'atteggiamento di risposta da parte della creatura».[206]

Dio Amore-Misericordia fin da principio, sempre per sua scelta libera, ricolma pienamente Maria di Nazaret e la costituisce «piena di grazia» (*Lc* 1,28). Tanto è vero che la pietà cristiana la chiama "Madre di misericordia". P. Achille, invocando Maria con questo titolo, scrive:

> «O Madre di Misericordia, dolce Maria, che tutte le creature siano a me unite per cantare l'inno delle Tue grandezze e della tua gloria. Vorrei che tutti gli uomini conoscessero la tua materna compassione, e ho come a Te ridorrebbero con fiducia!».[207]

Secondo il brano appena menzionato, possiamo dire che in "Maria come Madre", troviamo e contempliamo «un'immagine concreta, anzi un'immagine speculare della misericordia divina e il modello della misericordia umana e cristiana. Maria è il prototipo della Chiesa e quindi anche il tipo della misericordia cristiana».[208]

---

[205] Cf. H. Esser, *Misericordia*, in *Dizionario dei concetti biblici del Nuovo Testamento*, L. Beyreuther - H. Biethenhard (a cura di), EDB, Bologna 1976, pp. 1013-1022.

[206] V. Battaglia - L. Lehmann - P. Messa, *La Scuola Francescana e l'Immacolata Concezione*, p. 516.

[207] A. Fosco, *Preghiere di ringraziamento alla Madonna della Misericordia*, in. L. Iocco (a cura di), *Padre Achille Fosco*, p. 40.

[208] W. *Kasper*, *Misericordia*, p. 304.

Notiamo che nel Nuovo Testamento soprattutto due testi su cui costruire un fondamento solido per la spiritualità mariana: la scena dell'annunciazione per l'inizio (cf. *Lc* 1,26-38) e quella in cui Maria sta sotto la croce (cf. *Gv* 19,26). Per questa ragione egli continua a scrivere:

> «L'Immacolata: oh! Come si riempie di letizia al solo pronunziare questo nome. Senza macchia. Solo Maria ebbe questo privilegio, di essere esente dalla colpa fin dal primo istante del suo concepimento, e ciò per i meriti del Figlio di Dio, che da Lei avrebbe tratto l'umanità santissima».[209]

Nelle parole del *Magnificat*, infatti, Maria riesce a «sintetizzare tutta la storia della salvezza, descrivendola come storia della misericordia. Dio ha esercitato sempre *di generazione in generazione la sua misericordia* (*Lc* 1,50). Maria, quando diventa la Madre di Dio è il momento in cui la storia entra nella sua fase decisiva e definitiva. In quel momento decisivo, Dio nella sua infinita misericordia opera l'ultimo tentativo di salvare il suo popolo e l'umanità».[210]

Maria, da buona e misericordiosa Madre, ha dunque una particolare propensione verso i peccatori, che sono i più indigenti e perciò i più bisognosi, per questo motivo p. Achille continua a scrivere:

> «Col soccorrere i prediletti del Tuo Figlio Gesù, (...), sii, dunque sempre ringraziata e benedetta, o Vergine potentissima. Siano benedette le opere di pietà che sorgono all'ombra del Tuo Misericordioso patrocinio, siano lodi a Te che lasci cadere dal Cielo tanti favori, non disdegnando di posare lo sguardo sopra di noi, miseri peccatori».[211]

Questa riflessione di padre Achille pone l'accento sul ruolo della Madre di Dio, la quale non si dimentica dei figli adottivi. In questo ricordarsi di Maria, Ella diventa Madre di Misericordia che intercede incessantemente per i tutti figli e la Modella perfetta della Chiesa. E quasi escogitando un'impossibile somiglianza tra la vergine Maria e i peccatori. Perciò la preghiera toccante e assidua di p. Achille, nella quale propone:

> «Osserviamo Maria la nostra divina Modella, nel suo comportamento esterno, tutto raccoglimento, tutto silenzio. Osserviamo Maria nella sua umiltà. Per l'umiltà piacque all'Altissimo e concepì Gesù nella verginità in quanto piacque nell'umiltà. Se la Madonna deve essere modello di ogni anima fedele, mi pare di dover dire che deve, a più forte ragione, essere l'esemplare meraviglioso di quelle anime che vogliono militare sotto il suo bianco stendardo».[212]

La domanda spontanea che ci si pone potrebbe essere: ma da dove arriva e quale è la fonte di tanta misericordia in Maria? Dalla preghiera appena citata si desume che la fonte è solo Dio, e cioè

[209] A. FOSCO, *I pensieri*, pp. 76-77.
[210] W. KASPER, *Misericordia*, p. 306.
[211] A. FOSCO, *Preghiere di ringraziamento alla Madonna della Misericordia*, in. L. IOCCO (a cura di), *Padre Achille Fosco*, p. 39.
[212] A. FOSCO, *I pensieri*, pp. 77-78.

dives in misericordia (cf. *Gv* 14.9), rappresentata dallo "stendardo bianco". Per p. Achille, in Maria di Nazaret tutto si rapporta al primo istante della sua concezione immacolata.[213]

Maria è eletta per collaborare alle grandi opere della misericordia di Dio. Ella «ha trovato grazia presso Dio» (*Lc* 1,38). Questo sta a significare che Maria è "ripiena" per pura grazia. Ella è semplicemente l'umile «serva del Signore» (*Lc* 1.38) e un modesto strumento della misericordia di Dio.

Maria di Nazaret è «la solista del cantico di esultanza, che è un meraviglioso inno rivolto al Padre della misericordia per le grandi cose che ha fatto in lei. Nel *Magnificat* la "figlia di Sion", la nuova splendida dimora del Dio vivente, raccoglie tutte le speranze e le aspirazioni del suo popolo e le innalza verso il Padre. Rendendosi responsabile del destino del suo popolo, Maria si fa interprete della sua speranza e della sua lode. Nel *Magnificat*, precisamente, si vive uno dei vertici più ispirati della tradizione orante dell'umanità».[214] Uno di questi vertici è l'incarnazione del Verbo. In questo mistero Dio ha voluto manifestare la misericordia entrata nel grembo immacolato di Maria. Infatti, grazie all'umile consenso di Maria, il Verbo ha preso la natura umana. Dio, tramite l'angelo Gabriele, ha rivelato a Maria la decisione di ricostituire il suo Regno, il quale sarà capace di restituire la dignità persa a tutti miseri e ai poveri.[215]

Per p. Achille, Maria è il modello della "grazia piena", perché ne possiede così tante grazie che di più non ne può ricevere.[216] Quando l'angelo Gabriele le disse: «Non temere Maria, hai trovato grazia presso Dio, ecco concepirai un figlio, lo darai alla luce e lo chiamerai Gesù» (*Lc* 1, 31,32), in quella occasione ella si definì la serva del Signore (δούλη). In questo modo Maria fa spazio a Dio, affinché Egli possa operare il suo miracolo, mentre lei diventa Madre di Dio e nello stesso tempo "Madre di misericordia".

Infatti, Maria viene chiama con il titolo di "Madre della misericordia", perché ha saputo accogliere nella mente e nel cuore puro il mistero insondabile della misericordia. Lei è "Madre di misericordia", perché ha riconosciuto il valore del dono della misericordia per la sua miseria, e per questo cantò: «ha guardato all'umiltà della sua serva» (*Lc* 1,48). Maria diventa "Madre di misericordia", perché attraverso il vissuto e l'esperienza concreta della misericordia, ha saputo comprendere che la misericordia è "il vero cuore di Dio".

Con l'obbediente "si", Maria diventa la serva della misericordia di Dio. Potremo dire che Dio l'ha scelta nella semplice qualità di creatura umana e umile giovane donna, come "il primo canale della misericordia". Dio con la grazia l'ha resa capace di essere l'opera della misericordia a lui solo dovuta e a lui solo possibile. In tal caso, Maria è ancora una volta "espressione della misericordia di Dio", che supera qualsiasi aspettativa e tutte le possibili pretese umane.[217]

---

[213] Cf. *ibid.*, pp. 58-59.

[214] A. AMATO, *Maria e la Trinità*, San Paolo, Milano 2000, pp. 56-57.

[215] Cf. *ibid*, p. 58.

[216] A. FOSCO, *Preghiere di ringraziamento alla Madonna della Misericordia*, pp. 38-40.

[217] G. LYDEK, *La misericordia di Dio nella teologia e nella spiritualità del beato Michele Sopoćko*, pp. 207-208.

Con il «fiat pieno di fede, Maria diventa strumento della misericordia di Dio»[218] apre la via alla venuta di Dio e diventa la genitrice di Cristo, "l'arca della nuova alleanza", "il tempio dello Spirito Santo", "il modello reale della Chiesa". Perciò «Cristo rimase nove mesi nel seno di Maria per rimanere nel tabernacolo della fede della Chiesa fino alla consumazione dei secoli, nella conoscenza e nell'amore dell'anima fedele, per i secoli» (*EG* 285).

Non possiamo dimenticare che Maria sopportò accanto al suo Figlio anche "la notte più oscura della croce". Precisamente, diremo che Lei ha vissuto nella propria persona il mistero della redenzione, e di conseguenza la rivelazione dell'amore misericordioso del Padre. Maria «soffrendo profondamente col suo unigenito e associandosi con animo materno al sacrificio di lui, fu amorosamente consenziente all'immolazione della vittima da lei generata» (*LG* 58). Infatti, p. Achille dice che: «con la croce e per la croce siamo diventati i figli della *Mater Misericordiae.* Nel dolore e per amore Maria ci ha dato Gesù, Sacerdote e Vittima».[219]

P. Achille contempla in Maria il modello perfetto e privilegiato della Chiesa missionaria che "vede tutto, sente tutto e a tutto assiste". Maria per lui è sempre "Madre di Misericordia", perché possiede la capacità di immedesimarsi e di compatire con tutto il cuore le miserie umane, perciò scrive:

> «Nel momento della prova che mi tormentava, in mezzo alle amarezze e afflizioni che mi percuotevano, nella infermità che mi colpiva, nel caso disperato in cui mi trovavo, ho pensato a Te, mi sono rivolto a Te, e a Te ho supplicato ardentemente, o mia buona Madre di Misericordia».[220]

P. Achille confida profondamente nell'intercessione di Maria come Madre, che può ottenere le grazie di Dio. L'intercessione di Maria si fonda sulla maternità di Dio, capace di perseverare nella fede. Lei è sensibile particolarmente e idonea a raggiungere tutti gli uomini pronti ad accettare il dono della misericordia di Dio di una Madre.

Al termine del secondo capitolo, nel quale abbiamo approfondito la spiritualità e la missione di p. Achille, abbiamo compreso che esse sono strettamente connesse al tema della misericordia e che possiedono un carattere sia profetico, sia apostolico. Esse si esprimono sia nella predicazione del Vangelo della Misericordia, sia nell'azione, e cioè nelle opere di misericordia. Infine che la missione e tutte le opere create da p. Achille Fosco, tra cui la fondazione della congregazione delle Sorelle Misericordiose, sono il frutto della contemplazione del profondo mistero di Dio come Amore e Misericordia.

Nella Chiesa, che possiede carattere missionario, tuttora sgorgano inesauribilmente la fonte di grazia e la fonte di vita spirituale: "sangue ed acqua", i due simboli della Chiesa. Esse diventano per

---

[218] W. KASPER, *Misericordia*, p. 307.
[219] A. FOSCO, *I pensieri*, p. 82.
[220] A. FOSCO, *Preghiere di ringraziamento alla Madonna della Misericordia*, p. 39.

p. Achille una forma d'ispirazione e d'intuizione per lo sviluppo del tema sul Sacro Cuore di Gesù, ma questo, ormai si vedrà nel terzo capitolo, che è l'oggetto dell'ultima analisi della nostra ricerca.

CAPITOLO TERZO

CRISTO E IL SACRO CUORE MISERICORDIOSO

INTRODUZIONE

Nel secondo capitolo abbiamo esaminato la spiritualità e la missione di p. Achille Fosco in chiave del tema della misericordia. Ora desideriamo approfondire lo stesso tema sul terreno dell'cristologia di p. Achille trattato negli scritti dal 1946 al 1971. Verranno analizzati due temi principali, seguendo l'ordine cronologico; "il Cristo e la misericordia di Dio", "il Sacro Cuore divino-umano di Gesù".

Prima di cominciare, però, il terzo momento della nostra riflessione, desidero sottolineare, in primo luogo, che nella cristologia di p. Achille, Gesù, il Verbo divino, rappresenta l'Amore ineffabile e la Misericordia incarnata. Gesù è venuto nel modo non soltanto per insegnare la verità o semplicemente illuminare le menti con i "lumi divini" l'intelletto umano, ma anche per portare il perdono di Dio e la purificazione da ogni iniquità nel Suo preziosissimo sangue, spezzando i legami del peccato.[221] Indubbiamente la misericordia di Dio si espande su tutto il mondo grazie alla gloriosa passione, morte e risurrezione di Gesù Cristo. Tutte le grazie dei sacramenti, dei sacramentali ed i carismi sono dono e frutto dello Spirito-Amore, strettamente correlate alla misericordia di Cristo, che discende sulla Chiesa e sui fedeli.

Sin dall'inizio dobbiamo tener presente che il momento particolare della vita di p. Achille Fosco fu l'anno 1925, quando incontrò provvidenzialmente per la prima volta «la signorina Luisa Ferrari[222] di Reggio Emilia, che allora aveva 37 anni, e cullava un grande sogno nel cuore: fondare un istituto religioso che si fosse dedicato all'apostolato nella famiglia, nelle parrocchie e attraverso le opere di carità»[223]. Il giovane religioso, p. Achille, ha ricevuto da Luisa una poesia in cui diceva: «Lei sarà il fratello Araldo nella missione che Dio mi assegna (...)».[224] Appena nominato parroco di Motta Filocastro, p. Achille, si ricordò di Luisa Ferrari e delle sue aspirazioni: «qui, in Calabria, ci voleva proprio lei! Le scrisse una lettera: «è l'ora sua; qui, in questa lontana terra calabra, che Dio

[221] Cf. A. FOSCO, *Gesù misericordioso di Dio*, cap. V, pp. 36-37.
[222] Madre Giovanna Francesca dello Spirito Santo (al secolo Luisa Ferrari) Fondatrice delle Missionarie Francescane del Verbo Incarnato, nata a Reggio Emilia il 14 settembre 1888 e morta in concetto di santità nella Casa Generalizia a Fiesole (Firenze) il 21 dicembre 1984: https://capitologenerale2014.files.wordpress.com/2014/06/madre-giovanna-francesca-dello-spirito-santo-luisa-ferrari.pdf.
[223] N. PETRONE, *Padre Achille Fosco* (1897-1971), p. 44.
[224] *Ibidem.*

la chiama (...)».[225] Avrebbe messo a disposizione di Luisa e delle altre signorine che stavano meditando il passo, la sua casetta, mentre lui avrebbe trovato qualche altra sistemazione in paese. Avrebbe spezzato il pezzo di pane con esse, ma le avrebbe lasciato libere nello svolgimento della loro missione tra il popolo.[226]

Tanto è vero che in seguito a quest'esperienza d'aiuto nella realizzazione della missione di Luisa Ferrari, nel 1932 p. Achille pubblicò il libro *Amore e Misericordia* nel quale aveva «gettato le basi di ciò che sarebbe stato l'impegno della sua vita di cristiano e di consacrato. Potremo dire che in quell'anno vedeva chiaramente come avrebbe potuto strutturare l'attività tra l'amore e la misericordia».[227]

3.1. IL MISTERO DI DIO

Il mistero di Dio Amore-Misericordia divenne l'idea-chiave della vita e della trattazione di p. Achille: egli iniziò perciò la riflessione e la ricerca che lo condussero a conclusioni fondamentali sulla dottrina di Dio e sugli attributi (proprietà) di Dio,[228] nonché a riflessioni fondamentali dell'esistenza cristiana e dell'essenza di vita cristiana. Vorrei iniziare con la citazione di un testo di p. Achille, che mi sembra particolarmente significativo, per la descrizione della sua difficoltà di comprendere in pienezza la verità sulla misericordia.

> «Da tutta l'eternità che non ha principio, l'Amore infinito ha dunque abbracciate le creature. Cesserà Egli un giorno di amarle? Giammai! L'Amore di Dio è immutabile e senza vicissitudini. Ciò che ha amato Egli una volta,

---

[225] *Ibidem.*

[226] Cf. *ibidem.*

[227] *Ibidem*, p. 55.

[228] Nel presente capitolo è necessario spiegare cosa s'intende per attributi di Dio. Costatiamo che «da una parte la mente umana, considerando le varie perfezioni delle creature, formula vari concetti che attribuisce a Dio analogicamente (Analogia) come per es. buono, giusto, onnipotente. D'altra parte la Rivelazione presenta molti nomi di Dio (il Creatore, il Santo, l'Eterno, ecc.). Per attributi intendiamo le proprietà attribuite a Dio nell'essere (attributi statici) e nell'operare (attributi dinamici). Tali attributi molteplici e diversi, a prima vista, si oppongono alla divina *semplicità* (questa voce) donde il dilemma: o gli attributi hanno un valore reale, ontologico, e allora Dio non è più semplice; o non hanno valore reale, e allora quasi tutta la Rivelazione e la Teologia sono un vano gioco di parole. Il problema consiste nel determinare la distinzione tra l'essenza e gli attributi e la distinzione tra gli attributi stessi. La distinzione si oppone all'identità e può essere reale o logica, secondo che due o più cose sono distinte per se stesse, ontologicamente (come per es. l'anima e il corpo o il corpo e una delle sue parti o la persona e le sue qualità); oppure due o più cose sono distinte solo nella nostra mente come concetti (per es. la stessa persona è considerata come medico, come artista e come cittadino. È realmente un solo soggetto, istinto logicamente in tre). La distinzione logica o di ragione può essere puramente tale come per es. quando indica la stessa persona con due nomi: Stanislao, Pietro; e allora si chiama *rationis ratiocinantis*. Ma essa, pur essendo logica, può avere un fondamento nella realtà ontologica e allora si dice *rationis ratiocinatae*; per es. tra il corpo vivente e la sua vita. In Dio, esclusa la distinzione reale (*Semplicità*), si vuole ammettere la distinzione logica con fondamento reale. Gli attributi divini sono logicamente distinti tra loro e dall'essenza, perché comportano concetti formalmente diversi, come giustizia e misericordia; ma non sono puri concetti, perché ad essi risponde una realtà vera, l'essenza infinita di Dio, che nella sua semplice attualità trascende il nostro intelletto finito e contiene in maniera eminente tutte le perfezioni significate da quegli attributi. Data la massima semplicità divina ogni attributo include gli altri»: voce: *Trinità - relazione - nozioni* in P. Parente - A. Piolanti - S. Garofalo (edd.), *Dizionario di Teologia dogmatica*, Studium, Roma 1957, pp. 123-125.

l'ama sempre, e se talora percuote e distrugge, è sempre l'amore che lo giuda. Egli ama da tutta l'eternità, e amerà per tutta l'eternità».[229]

Il discorso su Dio, infatti, che rende razionalmente conto della fede in Lui, significa riflettere in modo del tutto nuovo sull'importanza centrale del messaggio della misericordia di Dio, attinto dalla testimonianza della Sacra Scrittura. p. Achille era fermamente convinto che non si poteva trascurare il tema della misericordia. Per poter comprendere gli sforzi di Fosco, occorre una breve riflessione sulla teologia di fine XIX e inizio XX secolo. La teologia del XIX secolo doveva fare i conti con il radicale mutamento economico e sociale che stava portando l'Occidente verso la modernità. L'aumento generale del tenore di vita e l'atteggiamento scientifico nuovo sono eventi così eclatanti che finiscono per generare strappi anche nel modo di intendere il rapporto con il divino.[230]Il modernismo, in ambito cattolico,[231] è stato, indubbiamente, «un momento assai confuso di crisi, che ha

[229] A. FOSCO, *Gesù Misericordioso*, cap. V, p. 39.

[230] Costatiamo che «il protestantesimo definiva la teologia liberale, in quanto essa affermava da un lato il valore supremo della fede cristiana, dall'altro portava i valori del liberalismo ottocentesco. Secondo questa corrente teologica, la fede, in quanto sentimento che si pone a fondamento e opera una congiunzione tra i diversi aspetti della cultura occidentale, è garante di quei valori di libertà fatti propri dal pensiero liberale. I suoi maggiori esponenti sono Albrecht Ritschl, Adolf von Harnack e Ernst Troeltsch»: T. Meimaris, *Thirty years of the international theological dialogue*, in "Nicolaus" 40(2013), pp. 161-162; M. Antonelli, *Manuali di Teologia Fondamentale*, in "La Scuola Cattolica" 122(1990), pp. 44-46; K. H. Neufeld, *Über fundamentaltheologische Tendenzen der Gegenwart*, in "Zeitschrift für Katholische Theologie" 111(1989), pp. 18-24.

[231] Sottolineiamo che la Chiesa Cattolica, "rispondendo al modernismo", ha proposto la riscoperta del "pensiero tomista, aperto alla riflessione contemporanea". Le indicazioni si possono trovare nell'enciclica *Qui pluribus* di Pio IX (1846) e nella costituzione *Dei Filius* del Concilio Vaticano I (1870). La rivalutazione della filosofia tomista, operata successivamente dall'*Aeterni Patris* di Leone XIII (1879), gli interventi disciplinari e dottrinali, diretti contro il modernismo, "venivano tradotti dall'apologetica d'ispirazione neoscolastica". Notiamo che secondo «un programma doveva essere elaborata una trattazione della credibilità, centrandola sulla proposta di una *analysis fidei* e su una sistematica filosofico - razionale delle *rationes credibilitatis*. Lo scopo, sarebbe quello di comprendere lo stile della dimensione apologetica nella teologia del XIX secolo»: R. Fisichella, *Credibilità*, in *Dizionario di Teologia Fondamentale*, R. LATOURELLE - R. Fisichella (a cura di), Cittadella, Assisi 1990, pp. 212-230; vedi R. Fisichella, *La credibilità della rivelazione cristiana*, in "Lateranum" 07, LXXIII, 1(2007), pp. 39-51; G. TANZELLA- NITTI, *La dimensione apologetica della Teologia fondamentale. Una riflessione sul ruolo dei praeambula fidei*, in "Annales teologici" 21(2007), pp. 33-36. Fra i riferimenti classici per l'impostazione neoscolastica: A. GARDEIL, *Crédibilité*, in *Dictionnaire de théologie catholique*, vol. III, pp. 2001-2310; R. GARRIGOU-LAGRANGE, *De Revelatione*, pp. 515-556; S. TROMP, *De Revelatione Christiana*, PUG, Roma 1945, pp. 61-106. Per una disamina storica delle problematiche coinvolte, R. Aubert, *Le problème de l'acte de foi. Données traditionelles et résultats de controverses récents*, Warny, Louvaine 1950 e, più sinteticamente, Id., *Questioni attuali attorno all'atto di fede*, in *Problemi e orientamenti di Teologia Dommatica*, Marzorati, Milano 1957, vol. II, pp. 655-708; M. D'AMBROSIO, *Ressourcement Theology, Aggiornamento and the Hermeneutics of Tradition*, in "Communio" 2(1991), p. 29. Sulla problematicità dell'*analysis fidei*, come impostata dalla neoscolastica, e sulle differenze rispetto all'originaria visione medievale: G. COLOMBO, *Grazia e libertà nell'atto di fede*, in R. Fisichella, *Noi crediamo. Per una teologia dell'atto di fede*, Dehoniane, Roma 1993, pp. 39-57. All'interno di una più estesa trattazione della credibilità e della fede, basandosi sul versetto paolino della convenienza di un culto a Dio «secondo ragione» (*Rm* 12,1): vedi F. ARDUSSO, *Fede (atto di)*, in *Dizionario Teologico Interdisciplinare*, vol. II, Marietti, Torino 1977, pp. 176-192. L'enciclica *Qui pluribus* afferma che esistono «molti ammirevoli e luminosi argomenti (*argumenta*) in base ai quali la ragione umana deve essere perfettamente convinta che la religione di Cristo è divina»: PIUS IX, *Littera Encyclica - Qui pluribus* [9 novembre 1946], in *EV*, vol. V, EDB, Bologna 1992, p. 353. Qualche anno più tardi, la costituzione *Dei Filius* ha parlato esplicitamente di "segni" (*signa*) della credibilità e della divinità della Rivelazione (non di *rationes*, come ha fatto invece la manualistica successiva), riconducendoli sostanzialmente a tre: i miracoli, le profezie e la Chiesa: cf. Concilio Vaticano I, *Costituzione dogmatica - Dei Filius*, 24 aprile 1870, DH 3009 e 3012.

investito tanto la teologia quanto l'esperienza della fede, nell'arco di tempo che si estende tra il primo e il secondo decennio del secolo XX».[232]

Negli anni 1950-60 il pensiero della dottrina cristiana e della teologia usava il linguaggio coerente. Nell'esposizione della S. Scrittura e della Tradizione divideva l'apprendimento in tre parti: i dogmi, la morale, i sacramenti. La teologia dogmatica, infatti, studiava le verità rivelate da Dio e proposte dalla Chiesa alla fede dei cristiani. La teologia morale, invece, ricorrendo spesso al termine "precetto", studiava «le norme della vita cristiana per il raggiungimento del fine ultimo».[233]

Nei manuali dogmatici tradizionali del XIX e XX secolo invece, il discorso della misericordia non occupa affatto un posto centrale.[234] Infatti, «manca spesso addirittura del tutto, e se mai compare, è sempre in una posizione decisivamente marginale. Le eccezioni confermano la regola, ma non riescono a cambiare in modo radicale la situazione generale».[235] Il vero motivo della trattazione superficiale del tema della misericordia è abbastanza chiaro; se sfogliamo i manuali in latino, polacco, italiano, francese e tedesco, in essi stanno «in primo piano le proprietà di Dio derivate dall'essenza metafisica di Dio intesa come - *ipsum esse subsistens*: semplicità, infinità, eternità, onnipresenza, onniscienza, onnipotenza e altre».[236] A questo punto, possiamo affermare che la misericordia viene «trattata come una delle proprietà di Dio tra le altre e, il più delle volte, solo brevemente dopo le altre proprietà».[237]

Questo risultato, indubbiamente deludeva p. Achille e gli imponeva quindi di ripensare tutta la dottrina degli attributi (proprietà) di Dio e di assegnare alla misericordia il posto che le compete. Infatti, quel risultato non corrispondeva né all'importanza centrale della misericordia nella testimonianza biblica, né alle spaventose esperienze del XX secolo. In una situazione, nella quale molti

---

[232] P. SGUZZARDO, *Sant'Agostino e la teologia trinitaria del XX secolo*, Città Nuova, Roma 2006, p. 74: vedi F. ARDUSSO, *Orientamenti contemporanei di Teologia Fondamentale*, in "Archivio Teologico Torinese" 1(1995), p. 16: J. CAHILL, *Una teologia fondamentale per il nostro tempo*, in "Concilium" 5(1969), pp. 80-82; C. IZQUIERDO, J. M. ODERO, *Manuales de Teología Fundamental*, in "Scripta Theologica" 18(1986), pp. 58-62.

[233] B. *BARTMAN*, *Teologia dogmatica*, s.e., Roma 1949, pp. 123-124.

[234] Per esempio in J. POHLE - J. GUMMERSBACH, *Lehrbuch der Dogmatik* I, M. Gierens, Paderborn 1952, pp. 338-340: la misericordia viene trattata quasi come un'appendice e come ultima delle proprietà di Dio. In un altro manuale, come F. DIEKAMP, *Katholische Dogmatik*, vol. I, s.e., Münster 1957, p. 225; al tema della misericordia vengono dedicate soltanto undici righe, sempre però, accanto ad altre proprietà. In un alto ancora, ad esempio L. OTT, *Compendio di teologia dogmatica*, Marietti, Torino 1957, mezzo alle proprietà morali di Dio, troviamo una pagina dedicata alla misericordia.

[235] *W. KASPER*, *Misericordia - Concetto fondamentale del vangelo - Chiave della vita cristiana*, Queriniana, Brescia 2013, pp. 21-22.

[236] *Ibid.*, p. 23. Per esempio, anche Eriberto Jone nel *Compendio di teologia morale*, sotto il titolo del V capitolo; *La virtù della carità*, presenta una visione di Dio come *Sommo Bene* al quale appartiene la carità soprannaturale, che richiede la reciprocità nell'amare Dio e il prossimo: «La carità è una virtù soprannaturale infusa da Dio come sommo bene per se stesso, e amiamo, per suo amore, noi stessi e il nostro prossimo»: E. JONE, *Compendio di teologia morale*, Marietti, Roma 1951, p. 135.

[237] W. KASPER, *Misericordia*, p. 20. Il cardinale Kasper afferma che: «la mancanza di una riflessione sistematica sul messaggio biblico centrale della misericordia di Dio aveva avuto come conseguenza la degenerazione del concetto, spesso ridotto ad un devozionismo, ad una pastorale e spiritualità dolciastra, a cui mancava qualsiasi risolutezza e un chiaro profilo, che giustificasse in qualche modo chiunque. Una simile prassi, leggera e tenera, può risultare fino a un certo grado comprensibile, come reazione a una prassi legalistica impietosamente rigida. La misericordia diventa una pseudo-misericordia, se in essa non è più percepibile nulla dello sgomento davanti al Dio santo, alla sua giustizia e al suo giudizio. Il Vangelo insegna la giustificazione del peccatore, ma non del peccato, perciò dobbiamo amare il peccatore, ma odiare il peccato»: *ibid.*, pp. 22-23.

contemporanei di p. Achille sono diventati scoraggiati, privi di speranza e di orientamento, il messaggio della misericordia di Dio doveva essere quello della fiducia e della speranza. Perciò porre in evidenza l'importanza della misericordia di Dio nella situazione del XX secolo ha costituito per la cristologia di p. Achille una provocazione e una sfida.[238]

3.2. Il Cristo e la misericordia di Dio

«Il Verbo di Dio è generato dall'Amore, è vivente nel seno dell'Amore. Egli venne come Amore ineffabile e Misericordia.[239] Grazie all'Incarnazione del Verbo la nostra umanità si trova santificata con la sua. Ci è dato così d'essere sacerdoti con Gesù Cristo per offrirci in olocausto a Dio»;[240] scrive p. Achille. Per questo, «Sommo sacerdote misericordioso e fedele è diventato Cristo, dice l'autore della lettera agli Ebrei» (2,17). Ed ancora: «Non abbiamo un sommo sacerdote che non sappia compatire le nostre infermità, essendo stato lui stesso provato in ogni cosa. Accostiamoci dunque con piena fiducia al trono della grazia, per ricevere misericordia (...) ed essere aiutati al momento opportuno» (*Eb* 4, 15 16). Diremo infatti, che facendosi uomo, il Verbo ha provato le sofferenze dell'umanità. E si sa che chi ha fatto esperienza del dolore è più incline a soccorrere gli altri. Il Cristo - il Verbo di Dio è misericordioso verso la donna samaritana, l'adultera, Zaccheo, Pietro, verso lo stesso Giuda. «Ha compassione per le turbe, disperse come pecore senza pastore» (*Mt* 9,36). Conforta e guarisce gli ammalati. Piange sulla tomba dell'amico Lazzaro (cf. *Gv* 11,33).

A questo punto potremo dire che Gesù è incoronato di gloria e di onore, cioè Gesù è stato ammesso con la sua natura umana nell'intimità di Dio. Invece di effettuarsi attraverso le separazioni legali, la sua elevazione presso Dio si è compiuta grazie all'accettazione di una totale comunanza di destino con i suoi fratelli, che ha stabilito, nel contempo, nella misericordia sacerdotale.[241] Ecco perché p. Achille scrive:

---

[238] A. Fosco, *Dottrina*, cap. I, pp. 14-20.

[239] A. Fosco, *Gesù misericordioso di Dio*, cap. V, p. 36. Infatti, per questo già nell'Antico Testamento Dio si era rivelato misericordioso per eccellenza, «pietoso, lento all'ira e ricco di grazia e di fedeltà» (*Es* 34,6). Egli ha stretto un patto di alleanza con Israele, ha giurato di assisterlo e proteggerlo. Ogni volta che interviene per liberarlo e soccorrerlo, egli dà prova di *hésed*, di misericordia. E malgrado le infedeltà dell'uomo, continua ad essere fedele al suo amore, perché l'*hésed* di Dio non è condizionato dalla risposta dell'uomo. «Eterna è la sua misericordia» (*Sal* 136 [135]). La sua promessa di fedeltà è gratuita e la sua misericordia è senza limiti. San Paolo lo chiama «Padre misericordioso e Dio di ogni consolazione» (*2 Cor* 1,3). La misericordia di Dio Padre ha la forma interiore dell'amore, capace di chinarsi su ogni miseria e su ogni figlio prodigo, che viene così ritrovato, rivalutato, messo in grado di riscoprire la propria dignità. La condizione del povero e dell'indifeso tocca il Signore fin nel profondo delle sue viscere (*rahamîm*), suscitando in lui quelle emozioni ineffabili che una donna sperimenta per il figlio che porta in grembo: G. Lydek, *Il mistero di Gesù Cristo Misericordioso in santa Faustina Kowalska*, p. 40.

[240] A. Fosco, *Dottrina*, cap. I, p. 18.

[241] Cf. A. Vanhoye, *Accogliamo Cristo nostro Sommo Sacerdote - Esercizi Spirituali con Benedetto XVI*, LEV, Città del Vaticano 2008, p. 39.

«Gesù infatti, non è venuto fra noi soltanto per ricevere quelli che verrebbero da Lui, per accogliere con un perdono il peccatore pentito, ma per andargli incontro, per cercare ovunque si trovino, le povere anime accecate dal peccato».[242]

Tanto è vero che Colui che passò beneficando, risanando, curando malattie ed infermità, sembra meritare lui stesso la più grande misericordia quando viene arrestato ed oltraggiato, condannato ed inchiodato sulla croce. Non trova misericordia presso gli uomini e non sembra trovarla nemmeno da Dio, che tratta "da peccato" lui, che non aveva conosciuto peccato (cf. *2 Cor* 5,21). Lì si esprime la giustizia assoluta, sovrabbondante, perché i peccati dell'uomo vengono "compensati" dal sacrificio del Dio-Uomo. Tuttavia tale giustizia, che è propriamente giustizia "su misura" di Dio, nasce tutta dall'amore: dall'amore del Padre e del Figlio, e fruttifica tutta nell'amore,[243] direbbe p. Achille. «La dimensione divina della redenzione non si attua soltanto nel far giustizia del peccato, ma nel restituire all'amore quella forza creativa nell'uomo, grazie alla quale egli ha nuovamente accesso alla pienezza di vita e di santità, che proviene da Dio. In tal modo, la redenzione porta in sè la rivelazione della misericordia nella sua pienezza» (*DM* n. 7).[244]

Teniamo presente, però, che la realtà misterica della giustificazione ci apparirà più chiara se ne riscopriamo i fondamenti biblici e proviamo a rileggere in modo più sereno il significato della giustizia divina. Unica norma della giustizia di Dio è la sua santa volontà che si identifica con la sua stessa natura.[245] La Sua Giustizia è così grande e penetrante che raggiunge fino in fondo l'essenza delle cose e tutto davanti a Lui è nella sua nuda realtà e nulla potrebbe continuare a sussistere. L'Amore e la Misericordia invece in p. Achille, è l'attributo più grande.[246] Esso unisce la creatura al Creatore. L'amore più grande è l'abisso della misericordia. Lo riconosce nell'Incarnazione del Verbo, nella Redenzione da Gesù operata.[247]

Diremo che Gesù sulla croce si fa modello supremo di misericordia e dice: «Padre, perdonali, perché non sanno quello che fanno» (*Lc* 23,34). Il buon ladrone invece, assicura: «Oggi sarai con me nel paradiso» (*Lc* 23,43). E dopo la morte continua a mostrarsi ricco di misericordia e di amore nutrendo l'umanità con il sangue e l'acqua che sgorgano dal suo cuore trafitto (cf. *Gv* 19,34).

Dio, infatti, «ricco di misericordia, per il grande amore con cui ci ha amati, da morti che eravamo per i peccati, ci ha fatti rivivere con Cristo. Con Lui ci anche risuscitati e ci ha fatti sedere nei cieli, in Cristo Gesù, per mostrare nei secoli futuri la straordinaria ricchezza della sua grazia» (*Ef* 5, 4-6).[248] «L'amore che proviene dal Padre, attraverso un avvenimento tragico e scandaloso si trasforma in sorgente di grazie infinite».[249] Per questo p. Achille sostiene che «con il Sacro Cuore

---

[242] A. FOSCO, *Gesù Misericordioso*, cap. V, p. 38.
[243] Cf. *ibidem*, p. 36.
[244] A. SICARI, *L'avvenimento di misericordia*, in "Communio" 22(1993), pp. 14-29.
[245] Cf. E. SCOGNAMIGLIO, *Il volto dell'uomo*, Ed. San Paolo, Cinisello Balsamo (Milano) 2008, pp. 384-385.
[246] Cf. A. FOSCO, *Gesù Misericordioso*, cap. V, p. 36-40.
[247] *Ibidem.*
[248] Cf. M. BORDONI, *Gesù di Nazaret Signore e Cristo - Il Cristo annunciato dalla Chiesa*, vol. III, p. 164.
[249] A. VANHOYE, *Accogliamo Cristo nostro Sommo Sacerdote*, p. 112.

aperto dinanzi a noi»[250], Gesù mantiene sempre aperta una viva sorgente di misericordia e che tutte le anime possono attingere da Esso con grande fiducia.[251]

3.3. IL SACRO CUORE DIVINO-UMANO DI GESÙ

Uno dei temi preferiti da p. Achille è il cuore di Cristo, rivelazione della misericordia di Dio e «il tesoro di sapienza e scienza»[252]. Possiamo dire che al centro del pensiero spirituale c'è un discorso antropologico-cristologico, che pone il cuore come simbolo profondo dell'Amore divino, nella dimensione spirituale e fisica.[253]

Consideriamo che «il cuore di Gesù simboleggia il centro della Persona di Cristo, è il luogo della sua affettività, della libertà e della coscienza, lo spazio dove Egli si abbandonò al mistero di Dio e della vita, dunque è un chiaro simbolo d'amore».[254] Padre Achille si era occupato di questo tema per tre motivi. Il primo è la base teologica alla spiritualità per le "Vittime generose".[255] Il secondo è la riflessione sull'ultimo atto brutale da parte dei carnefici sul corpo di Gesù che era già morto, nel quale vede il progetto divino per la maggiore conferma e testimonianza sulla morte vera e reale del Figlio di Dio.[256] Il terzo, invece, è il cuore visto come centro dell'Amore misericordioso per tutta l'umanità.[257]

Per molti secoli, come giustamente osservato dal cardinale Kasper,

> «la devozione al Sacro Cuore di Gesù fu considerata in molti secoli come espressione particolare della fede, nell'amore e nella misericordia di Dio, manifestati in Gesù Cristo; oggi però essa non ci è più tanto famigliare (...). I nuovi accenti posti dal movimento liturgico nella vita di pietà, ma anche le rappresentazioni del Cuore

---

[250] A. FOSCO, *La carta magna delle vittime generose*, cap. I, p. 1.
[251] Cf. *ibidem*, pp. 2-13.
[252] A. FOSCO, *La carta magna delle vittime generose*, cap. I, p. 5.
[253] Per capire il significato soprannaturale del Sacro Cuore, bisogna innanzitutto capire perché Dio ha scelto il cuore come simbolo e oggetto di questa devozione. Che cosa è, infatti il Cuore? Nell'Antico Testamento, organi del corpo umano vengono spesso impiegati per indicare atteggiamenti fondamentali dell'uomo o anche i sentimenti di Dio, così come cuore o cervello sono ancora oggi impiegati per esprimere qualche aspetto della nostra esistenza. In questo modo l'Antico Testamento illustra gli atteggiamenti dell'esistenza non con termini astratti, ma con il linguaggio di immagini tratte dal corpo. Nel linguaggio della Bibbia, il *cuore* viene inteso proprio in questo senso simbolico e spirituale: ossia come principio e centro della intera vita umana. Per questo Dio esorta i fedeli dicendo: «rivolgete sinceramente all'Altissimo il vostro cuore e servite a Lui soltanto» (*1Re* 7,3), e il salmista gli risponde con questa preghiera: «Crea in me un cuore puro, o Dio, e rinnova in me un saldo spirito» (*Sal* 51,22). La parola cuore deriva dal greco *kardìa* e questo dalla radice linguistica indoeuropea *kard* che significa *centro*. Dal punto di vista fisico, il *cuore* è semplicemente il centro della vita vegetativa, motore del sistema circolatorio; ma dal punto di vista psicologico è un centro della vita sensitiva, perché su di esso si ripercuote l'intero sistema nervoso; infine dal punto di vista spirituale, il cuore è il centro segreto della persona, del suo mondo interiore, dell'anima, l'amore che la muove. Cf. G. VIGNELLI, *Il Sacro Cuore - salvezza delle famiglie e della società*, Luci sull'Est, Roma 2004, p. 87; J. RATZINGER, *Gesù di Nazaret*, LEV, Città del Vaticano 2007, p. 169.
[254] A. CALLAHAN, *Cuore di Cristo*, in L. BORRIELLO (a cura di), *Nuovo dizionario di spiritualità*, LEV, Città del Vaticano 2003, p. 199.
[255] Cf. A. FOSCO, *La carta magna delle vittime generose*, cap. I, pp. 1-13.
[256] Cf. *ibidem*.
[257] Cf. *ibidem*.

di Gesù del XVIII e XIX secolo, contribuirono a farla passare in secondo piano. Tali rappresentazioni infatti, che mostrano Gesù con il cuore trafitto e spesso circondato da una corona di spine, possono apparire indiscrete, talora pacchiane e di cattivo gusto. Esse, inoltre, talora appaiono teologicamente problematiche, perché si concentrano sul cuore di Gesù, invece di concepire il cuore come centro e simbolo originario di tutto l'uomo».[258]

Le radici bibliche della devozione stessa si trovano già nella «promessa del profeta Zaccaria (cf. *Zc* 12,10) ripresa dal Vangelo di Giovanni»:[259] «Volgeranno lo sguardo a colui che hanno trafitto» (*Gv* 19,37). Nella «predizione, il cuore trafitto rappresenta tutta l'umanità di Gesù condannata a morte per noi. Nello sguardo rivolto al cuore trafitto, è visibile l'amore di Dio in Lui incarnato e divenuto manifesto».[260] In p. Achille leggiamo queste parole:

«Tra le innumerevoli prove della bontà infinita del nostro Signore Redentore, non ce n'è un'altra che tutto risplenda, quanto l'aver voluto che si amasse con speciale culto la stessa sua carità e questo in momenti nei quali la carità dei fedeli si veniva raffrenando; l'aver voluto rivelare le ricchezze della sua bontà, con la devozione del Cuore suo santissimo».[261]

Nel cuore di Gesù, i santi e perfino i poveri, cioè i *miseri* intesi nel senso più ampio del termine, riconoscono che anche Dio ha un cuore (*cor*) per loro. Perciò possiamo dire che il Cuore di Gesù è il simbolo sensibile dell'amore di Dio incarnato[262] in Gesù Cristo (*Logos incarnato*), Egli è misericordioso (*misericors*).

Vale la pena sottolineare che le «radici bibliche si sono sviluppate solo lentamente nella storia della vita di pietà e hanno subito anche dei notevoli cambiamenti. Esse non sono affermazioni puramente edificanti, ma hanno un profondo fondamento dogmatico nella storia di Gesù Cristo della Chiesa antica, vincolante tanto per l'Oriente quanto per l'Occidente. La dottrina ecclesiale, infatti, ha affermato che Gesù Cristo è vero Dio e vero uomo, nella sua unità e identità. In questo senso, la Chiesa parla dell'unica ipostasi, dell'unica persona di Gesù Cristo in due nature».[263] Per questa ragione, al Cuore di Gesù che simboleggia la natura umana di Cristo, «spetta l'adorazione. Nel cuore del Figlio di Dio incarnato batte e soffre il cuore dello stesso Figlio di Dio».[264] Ecco perché Pio XI poté dire che «la devozione al Cuore di Gesù è il compendio di tutta la religione».[265]

---

[258] W. KASPER, *Misericordia*, pp. 173-174; vedi K. RAHNER, *Alcune tesi per una teologia della devozione al Sacro Cuore di Gesù*, in *Saggi di cristologia e di mariologia Paoline*, Roma 1967, pp. 277-316.
[259] *Ibid.*, p. 174.
[260] *Ibidem.*
[261] A. FOSCO, *La carta magna delle vittime generose*, cap. I, p. 5.
[262] Precisando, Gesù senza dubbio è *Logos incarnato*, ma Egli è anche l'Amore e Misericordia visibile, perciò perfino san Giovanni Paolo II nell'enciclica *Dives Misericordia* dice che: «Il Cristo pasquale è l'incarnazione definitiva della misericordia, il suo segno vivente: storico-salvifico ed insieme escatologico» (*DM* 8).
[263] DH 259; 431, in W. KASPER, *Misericordia*, p. 175.
[264] *Ibidem.*
[265] PIUS XI, *De communi Expiatione Sacratissimo Cordi Iesu Debita Miserientissimus Redemptor* [5 agosto 1928], in *AAS* 20(1928) 165-178.

Secondo il pensiero spirituale di p. Achille, l'oggetto ufficiale e anche il motivo per cui esso fu istituito "la solennità del Sacratissimo Cuore di Gesù", è l'Amore e la Misericordia del Salvatore per tutta l'umanità, senza escludere il suo amore per il Padre nello Spirito Santo.[266]

Il Cuore di Gesù, in quanto vero cuore umano, rappresenta per p. Achille il "centro" della Persona divina, la sede dell'amore e della vita affettiva, il principio determinante e unificatore dei desideri conforme alla volontà del Padre, delle intenzioni e di tutte le decisioni.[267] Tuttavia Gesù non è un uomo qualunque, ma è l'Uomo-Dio, nel quale abita corporalmente l'intera pienezza della divinità (cf. *Col* 2,9). Possiamo dire che quello di Gesù è un cuore umano ipostaticamente unito alla Persona del Verbo Divino. Per estensione, quel Cuore indica l'intera Persona umano-divina di Gesù, che manifesta "le profondità di Dio" (cf. *1Cor* 2,10). Tanto è vero che dal fianco di Cristo morto in croce si è formata la Chiesa e così si adempì la Scrittura, dove dice: «Uno dei soldati gli colpì il costato con la lancia e subito ne uscì sangue e acqua» (*Gv* 19, 34). Infatti, per volontà divina, è stato permesso che un soldato romano trafiggesse e aprisse quella "porta d'oro", e cioè il sacro costato da cui uscì "sangue ed acqua". In questa sorgente, si vede l'inizio della salvezza umana, bevanda di fonte viva «che zampilla per la vita eterna» (*Gv* 4,14). Potremo dire che questa "sorgente salvifica" è inesorabilmente presente nei sacramenti della Chiesa,[268] si diffonde nei "cuori di carne" che "ardono di amore", per questo tutti gli uomini: «volgeranno lo sguardo a colui che hanno trafitto» (*Gv* 19,37).

Vangelo secondo san Giovanni. Infatti, il dono dello Spirito Santo viene trasmesso da Gesù morto sulla croce, proprio con "il segno visibile dell'acqua" uscente dal sacro costato (cf. *Gv* 5,6-8). Già in Ezechiele, nella visione dell'acqua, che esce dal tempio, percorre la sua via e si getta nel Mar Morto, trasformandosi in un mare di vita (cf. *Ez* 47,1), vediamo il preannuncio del futuro "dono dello Spirito"15. Esattamente, per l'evangelista, Gesù morto sulla croce è il nuovo e definitivo "tempio di Dio" (cf. *Gv* 2,19). In altre parole diremo ancora, che «l'acqua che esce dal sacro costato diventa la realizzazione della promessa dei fiumi di acqua viva. Infatti, lo Spirito Santo è il fiume di acqua viva, limpida come cristallo, che scaturisce dal trono di Dio e dell'Agnello. Sulle sue sponde fiorisce un albero di vita che, come quello profetizzato da Ezechiele, dà frutti ogni mese e le cui foglie servono da medicina».[269]

Nel cuore di Cristo aperto con la lancia, da cui sono usciti i "fiumi d'acqua viva", Dio ha voluto mostrare agli uomini che si era liberamente «spinto fino all'estremo, per sopportare l'incommensurabile sofferenza del mondo»[270]. Effettivamente, «per mezzo dell'acqua e del sangue, sgorgati dal cuore»[271] squarciato del Figlio di Dio, tutti i battezzati sono stati «purificati dalle lordu-

[266] Cf. A. FOSCO, *La carta magna delle vittime generose*, cap. I, p. 6.
[267] Cf. *ibid.*, p. 7.
[268] G. LYDEK, *La misericordia di Dio nella teologia e nella spiritualità*, p. 254.
[269] *Ibidem.*
[270] W. KASPER, *Misericordia*, p. 178.
[271] *Ibidem.*

re e dalle impurità che si sono accumulate nel mondo»,[272] perciò «nell'Eucaristia possono continuamente placare la sete»[273] dell'anima. Potremo dire che il cuore trafitto di Cristo è il messaggio dell'amore sacrificale del Figlio, che ha dato se stesso per noi (cf. *Gal* 2,20); dello Spirito-Amore che arde nei cuori degli uomini e sussurra gemiti d'amore (cf. *Rm* 8,26-27). Nel cuore di Gesù divino-umano trafitto «vediamo la sede della misericordia, come sorgente di ogni grazia, benedizione e vita spirituale»[274].

In questa "sede della misericordia" nasce "il dono permanente dello Spirito vivificante", il quale entra in azione dopo la gloriosa resurrezione di Cristo. Pertanto, come abbiamo cercato di dimostrare precedentemente, il cuore assume il significato fondamentale dello scenario di trafittura del fianco di Cristo, da cui "i fiumi d'acqua viva" non cesseranno di fluire, per santificare e nutrire tutte le membra della Chiesa.[275]

---

[272] *Ibidem.*
[273] *Ibid.*, p. 179.
[274] C. GHIDELLI, *L'icona del Sacro Cuore*, Sociale, Monza 2000, pp. 10-11.
[275] Cf. *ibid.*, p. 13.

Conclusione

Dopo le riflessioni che sono state proposte nel libro, in quest'ultimo momento del nostro lavoro vorrei lasciare spazio alle mie riflessioni e impressioni. Attraverso queste, vorrei ancora una volta mettere in luce il tema della misericordia, sottolineando il nesso con la vita, il vissuto ecclesiale e il pensiero di p. Achille Fosco.

Ricordiamo che la vicenda personale di p. Achille (1897-1971) s'inserisce in un contesto storico tra la prima e seconda guerra mondiale e il tempo della dittatura fascista in Italia, periodo tragico in cui egli esercitava la funzione di religioso, parroco, insegnante, missionario, fondatore, poeta e scrittore. Fosco ha incontrato Luisa Ferrari (1888-1981), futura fondatrice delle Suore Francescane missionarie del Verbo Incarnato, e ha accolto coraggiosamente il suo invito nell'esserle di aiuto e sostegno. Grazie a questo "incontro provvidenziale", p. Achille ha intravisto qualcosa di più grande e di più importante nella sua missione che Dio gli chiedeva. Da quel momento Fosco è rimasto affascinato dal messaggio della Carità Divina, tanto da affermare un giorno: «misericordiosi vuol dire avere il cuore ardente di carità ed esercitare con generosità e gioia le opere di misericordia spirituali e temporali».[276]

Dunque, l'ideale di p. Achille era testimoniare e amare il "Dio della Misericordia" con la propria vita, le parole, le azioni. Perciò la misericordia era diventata l'idea-chiave della vita e del pensiero teologico di Fosco.

P. Achille, conducendo una vita spirituale molto intensa e vivendo il *sensus ecclesiae*, riuscì a interpretare i "segni dei tempi", anticipando la riflessione teologica più attenta sul tema della misericordia. Tanto è vero che nella vita, nel vissuto ecclesiale e negli scritti di Fosco, appare evidente tutto "il nuovo modo di pensare" sulla misericordia. Oggi, la ricchezza e le feconde potenzialità del pensiero di p. Achille sono state recepite da tanti religiosi e laici. Infatti, Fosco è stato capace di interpretare "il presente" ed indicare dei percorsi per il futuro migliore.

Pertanto spianare la strada per una futura e migliore conoscenza della verità di "Dio Amore e Misericordia" era per p. Achille un compito "primordiale" della vita. Ecco perché, egli si è dedicato ad approfondire questa verità e a scrivere molto sul mistero della misericordia. Diremo che tutta la vita di Fosco è stata un continuo discernere la volontà di Dio con un umile e costante piegare tutti i pensieri, le parole e le azioni al Vangelo della misericordia.

P. Achille, avendo la consapevolezza di doversi impegnare nell'approfondimento della misericordia, ha saputo lasciare "un'impronta teologica" significativa che insiste sull'importanza di «contemplare il mistero della misericordia» (*MV* 2), pensiero accolto soltanto ora dalla Chiesa.

[276] A. FOSCO, *I pensieri*, in C. BOVE (a cura di), *Sui sentieri dello Spirito*, p. 61.

Infatti, il papa Francesco ha invitato tutti i teologi ad orientarsi verso la riscoperta della misericordia. Perciò, di fronte alle sollecitazioni del papa, è qui nell'oggi che si esige la riproposizione del tema della misericordia con un nuovo entusiasmo e con una rinnovata sfida del XXI secolo per la fede cristiana e per tutta la Chiesa. Nell'*Evangelii Gaudium* leggiamo: «La Chiesa guidata dal Vangelo della misericordia e dall'amore all'essere umano, ascolta il grido per la giustizia e desidera rispondervi con tutte le sue forze» (*EG* 188). La misericordia di Dio però, non può rimanere un'idea astratta, sentimentale o idealistica. La misericordia, secondo la definizione del papa,

> «è la parola che rivela il mistero della SS. Trinità, l'atto ultimo e supremo con il quale Dio ci viene incontro, la legge fondamentale che abita nel cuore di ogni persona quando guarda con occhi sinceri il fratello che incontra nel cammino della vita, la via che unisce Dio e l'uomo, perché apre il cuore alla speranza di essere amati per sempre nonostante il limite del nostro peccato» (*MV* 2).

La "legge fondamentale" è la "legge della misericordia", che vuol dire carità concreta, amore gratuito e libero, capace di "incarnarsi" e farsi prossimo con chi vive nelle "periferie esistenziali". La misericordia è riconoscere nel volto del fratello il volto di Gesù, che ha voluto vivere tra gli ultimi, poveri, orfani, abbandonati, malati. «Gesù Cristo, il volto della misericordia del Padre» (*MV* 1), vuole identificarsi con loro in ogni tempo e spazio. Per questo la "legge della misericordia", e cioè le opere di misericordia corporali e spirituali, è sempre attuale e, oggi più che mai, ha un urgente bisogno di essere vissuta e praticata per rompere "quel filo" di egoismo, indifferenza, narcisismo e autoreferenzialismo.

Benedetto XVI, parlando sul tema della misericordia nel Battesimo, ha voluto mettere in luce un altro aspetto importante di essa: la gratuità. Infatti egli dice: «La misericordia di Dio, che cancella il peccato e permette di vivere nella propria esistenza gli stessi sentimenti di Gesù Cristo, viene comunicata all'uomo gratuitamente».[277] L'insegnamento di Benedetto XVI fa comprendere «che la verità del Dio Amore rappresenta quel "centro della fede cristiana" (*DCE* 1), che deve illuminare, nel nucleo più profondo, gli elementi fondamentali dell'identità di ogni credente».[278] Questa verità in Benedetto XVI «porta la conseguenza non solo per la vita concreta, ma anche per la teologia».[279]

Infatti, egli come teologo afferma che «Gesù Cristo è l'amore incarnato di Dio [...]. Nella sua morte in croce si compie quel volgersi di Dio contro se stesso nel quale Egli si dona per rialzare l'uomo e salvarlo, amore questo, nella sua forma più radicale» (*DCE* 12). Inoltre, in un'altra enciclica di Benedetto XVI, dove il papa emerito sviluppa il tema della carità nella verità come sfida per la Chiesa, in un mondo in progressiva e pervasiva globalizzazione, leggiamo: «L'unità del genere umano, una comunione fraterna oltre ogni divisione, nasce dalla con-vocazione della parola di Dio-Amore» (*CV* 34). E poi insiste che «la Trinità è assoluta unità, in quanto le tre divine persone sono

[277] G. LYDEK, *La misericordia di Dio nella teologia e nella spiritualità del beato Michele Sopoćko*, p. 282.
[278] L. ŽÁK, *Quale teologia se Deus Caritast est?Alcune considerazioni sulla teologia alla luce del recente magistero pontificio*, in "Lateranum", LXXVII, 3(2011), p. 584.
[279] *Ibidem.*

relazionalità pura» (*CV* 54). In questi brani appena menzionati, il papa Bendetto XVI stabilisce un nesso preciso e importante tra amore e misericordia di Dio per gli uomini, mostrando che la relazione d'amore tra le tre divine persone è assoluta unità.

Il tema della misericordia è stato, come afferma Kasper,[280] indubbiamente trascurato e qualche volta anche dimenticato nella riflessione dogmatica. La causa sta probabilmente nell'abitudine di menzionarla, senza una riflessione più attenta e profonda. Oggi la riflessione teologica sulla misericordia induce a porre diversi interrogativi, e certamente fondamentali, sulla dottrina di Dio. La misericordia costituisce il nucleo e la somma della piena rivelazione biblica su Dio. Infatti W. Kasper, ripensando il tema della misericordia in chiave dogmatica, ha voluto sottolineare che: «la rivelazione della misericordia di Dio è concretamente avvenuta in Gesù Cristo. In lui Dio ci ha tutti eletti dall'eternità. Chi vede lui, vede il Padre (*Gv* 14,9)»[281].

Sappiamo che «la frammentazione del sapere teologico rimane fino ai nostri giorni una reale e impegnativa sfida»,[282] come lo era per p. Achille. Per questo, l'impegno di Fosco sulla verità di "Dio Amore e Misericordia", sin dall'anno 1927, va riconosciuto, apprezzato e studiato.

In p. Achille la teologia della misericordia, non si stacca mai dai riferimenti biblici. Per questo, la Sacra Scrittura ha occupato il posto centrale della sua teologia. Egli ha voluto far emergere meglio l'idea della misericordia come "concetto fondamentale del Vangelo e come essenza della vita cristiana". Infatti, nell'*Evangelii Gaudium* possiamo leggere che

> « (...), il messaggio che annunciamo corre più che mai il rischio di apparire mutilato e ridotto ad alcuni suoi aspetti secondari (...). Il problema maggiore si verifica quando il messaggio che annunciamo sembra allora identificato con tali aspetti secondari che, pur essendo rilevanti, per sé soli non manifestano il cuore del messaggio di Gesù Cristo. Dunque, conviene essere realisti e non dare per scontato che i nostri interlocutori conoscano lo sfondo completo di ciò che diciamo o che possano collegare il nostro discorso con il nucleo essenziale del Vangelo che gli conferisce senso, bellezza e attrattiva (*EG* 34)».

P. Achille ha dentro di sè questa intuizione di cui parla il papa Francesco. Fosco non vuole correre il rischio di perdere "il nucleo essenziale del Vangelo" che deve "lievitare" e trovare il punto d'incontro tra la vita e la teologia. «Inoltre, ogni verità si comprende meglio se la si mette in relazione con l'armoniosa totalità del messaggio cristiano» (*EG* 39). Potremo dire che, infatti «quando la predicazione è fedele al Vangelo, manifesta con chiarezza la centralità di alcune verità» (*EG* 39), perché «Il Vangelo invita prima di tutto a rispondere al Dio che ci ama e che ci salva, riconoscendolo negli altri e uscendo da sé stessi per cercare il bene di tutti» (*EG* 39).

Infine possiamo dire che in Fosco esiste un nesso importante fra la teologia della misericordia e la spiritualità della misericordia. Esso forma un "tutt'uno" per evitare «una delle conseguenze

---

[280] Cf. W. KASPER, *Misericordia*, p. 23.
[281] *Ibid.*, p. 173.
[282] L. ŽÁK, *Quale teologia se Deus Caritast est?*, p. 591.

dell'indebolimento della concezione di Dio che è la separazione della teologia cosiddetta *scientifica* dall'esperienza spirituale e dalle sue espressioni».[283]

[283] I. SANNA, *L'antropologia cristiana tra Modernità e Postmodernità*, Queriniana, Brescia 2001, p. 315.

INDICE

Printed by Books on Demand GmbH, Norderstedt / Germany